Die Natur des Unbewussten-
Wege zu Dir selbst

Brigitte Stiess

Die verstehen sehr wenig,
die nur das verstehen,
was sich erklären lässt.

Marie von Ebner-Eschenbach

Die Deutsche Nationalbibliothek verzeichnet diese Publikation in der Deutschen Nationalbibliografie.

Detaillierte bibliografische Informationen sind im

Internet über http://dnb.dnb.de abrufbar.

2. überarbeitete Auflage, Berlin 2018

ISBN 9783752811414

Herstellung und Verlag: BoD - Books on Demand, Norderstedt

Die Natur des Unbewussten – Wege zu Dir selbst

Inhaltsverzeichnis

Wesen – Befreiung durch Loslassen
Warum wir anhaften, wie können wir
uns befreien, die Rolle der Liebe,
Liebe der dritten Art

Vorwort

Was hat mich auf die Idee gebracht, dieses Buch zu schreiben?
In meiner psychotherapeutischen Tätigkeit arbeite ich vorrangig mit
dem von Professor Hanscarl Leuner entwickelten tiefenpsychologischen
katathym-imaginativen Verfahren, einfach ausgedrückt: Bilderleben im
Tagtraum in einem sehr entspannten Zustand.

Diese Methode hat mich fasziniert, weil unsere Seele die Bilder- und
Symbolsprache von alters her versteht und über diese in Träumen mit
uns spricht.
So kann man die Bilder in den Träumen nutzen, um etwas darüber zu
erfahren, womit sich unsere Seele beschäftigt oder sogar plagt. Dieses
Verfahren ist für die Diagnostik hervorragend geeignet,aber auch, um
Heilungsprozesse einzuleiten.
Die Traumanalyse ist meines Erachtens eines der wichtigsten Mittel, um
die Seele zu verstehen. Ich werde in diesem Buch zeigen, wie der Leser
seine Träume bis zu einem gewissen Grad selbst analysieren kann.
Sehr viel Anregung und Wissen hierzu habe ich in den Werken von C. G.
Jung und Marie-Luise von Franz gefunden.
Im Laufe der Zeit habe ich mich immer umfangreicher mit dem
Unbewussten beschäftigt und bin zu der Überzeugung gelangt, dass den
Krankheiten, die uns plagen, Entscheidungen unseres Unbewussten
zugrunde liegen. Für diese Erkenntnis waren für mich Schriften von
Professor Ap Dijksterhuis zu seinen Forschungen zum Unbewussten von
Bedeutung.

Dass Krankheiten Botschaften unserer Seele sind, ist an sich nichts
Neues. Darüber haben sehr interessant und aufschlussreich u. a.
Dethlefsen und Dahlke sowie A. Maguire und auch davor schon einige
Autoren geschrieben. Mir geht es in dem Buch jedoch darum, jedem
Interessierten Wissen an die Hand zu geben, um selbst für seine
seelische und körperliche Gesundheit sorgen zu können.

Viele Anregungen für meine Gedanken zu dem Thema haben mir auch wissenschaftliche Bausteine der Physik, vor allem der Quantenphysik, gegeben.

Aber nicht nur wissenschaftliche Literatur hat mich zu meinen Erkenntnissen geführt. Auch das überlieferte Wissen der alten Hochkulturen, im Besonderen die der Ägypter und Chinesen, der jüdischen Mythologie sowie der Schamanen der Naturvölker, war und ist wichtig für mich.

Dieses Buch hat den Anspruch, trotz der Darlegung wissenschaftlicher Erkenntnisse verständlich zu sein, was an einigen Stellen einer Vereinfachung bedarf.

Es ist geschrieben für interessierte Menschen.

Ich erlaube mir deshalb, im Interesse des Verständnisses für Menschen ohne psychologische Vorbildung hin und wieder von der wissenschaftlich exakten Formulierung abzuweichen.

In diesem Buch habe ich meine persönlichen Erfahrungen und Erkenntnisse verarbeitet und mir gestattet, Visionen aufzuzeigen.

Ich behaupte nicht, dass die Dinge so sind, wie ich sie sehe.

Wer kann das schon von sich behaupten?

Aber vielleicht sind sie dem Leser plausibel und nachempfindbar oder ergeben sich einfach nur logisch.

Wenn das Buch zu weiterem Nachdenken anregt, habe ich viel erreicht.

Mit diesem Buch bedanke ich mich bei meinen Klienten und meinen Lehrern für die gute fruchtbringende Zusammenarbeit.

I.   Die Seele und das Selbst

I. 1. Zum Seelenbegriff

Was ist Seele? Seit tausenden von Jahren beschäftigen sich Menschen mit dieser Frage. Wie es scheint, ist das ein äußerst wichtiges Thema für uns.
Warum eigentlich? Welche Funktionen hat die Seele, dass wir ihr so große Bedeutung beimessen?

Wenn man sich dem Seelenbegriff nähern will, kommt man nicht umhin, in die Geschichte zurück zu blicken, um zu entdecken, was Seele für die Menschen einst war, wie sich die Auffassung entwickelt hat und welche Elemente sich im heutigen Seelenbegriff wiederfinden.
Für interessierte Leser ist eine ausführlichere Darlegung der geschichtlichen Entwicklung des Seelenbegriffes im Anhang dieses Buches zu finden.

Indem wir uns mit der Geschichte beschäftigen, wird uns ein Fenster geöffnet, Zusammenhänge zwischen uns menschlichen Lebewesen als Mikrokosmos mit dem Universum als Makrokosmos besser zu verstehen.
Ich reduziere mich bewusst auf die Menschen, obwohl ich überzeugt bin, dass auch Tiere und Pflanzen ein Seelenleben haben.
Aus der Tierwelt weiß ich zu wenig, mein Wissen aus der Pflanzenwelt werde ich an geeigneter Stelle einbringen.

Wenn Sie aufmerksam das Kapitel „Physik und Seele" lesen, wird klar werden, dass alles in einem Zusammenhang steht, so auch unsere individuellen Seelen.

Dieses in früheren Zeiten unbewusste Wissen mag dazu beigetragen haben, dass sich die Menschen seit Jahrtausenden mit den Fragen nach ihrem Selbst und dem Verhältnis zum Großen Ganzen beschäftigen.
Und weil das so ist, muss es einen Nutzen haben, wenn wir mehr über unser Selbst oder unsere Seele erfahren.

Worin könnte dieser Nutzen bestehen?

Ich stelle jetzt folgende Behauptungen auf, die ich im Verlaufe dieses Buches zu erklären versuche.

1. Wir sollten herausfinden, wer wir wirklich sind, welche Anlagen und Fähigkeiten wir haben, kurz gesagt: Wozu wir gemacht sind.
Das würde uns helfen, ein erfülltes glückliches Leben zu führen.
Mancher Irrweg könnte uns erspart bleiben.

2. Wir können mit dem Wissen um das Funktionieren des Selbst lernen, immer wieder in unsere Mitte zu kommen. Das hilft uns, ausgeglichen und zufrieden zu sein.

3. Innere Ausgeglichenheit verleiht uns Kraft und Gesundheit. Wir können also lernen, besser gesund zu bleiben.

4. Da es dem Leben wesensimanent ist, bewegt und oft unvorhersehbar zu sein, hilft es uns, zu wissen, wie wir immer wieder in unsere Mitte kommen und damit zu uns selbst, und wie wir erkennen, welche Begegnungen- sowohl mit Aufgaben als auch mit Menschen- in unserem Lebensfluss liegen und welche eher außerhalb dessen liegen, wofür wir keine Kraft aufwenden sollten.

Denn das bedeutet *Selbst-Bewusstsein* und fördert unser *Selbst-Vertrauen*.

Es gibt viele andere Bezeichnungen, um auszudrücken, dass die Seele und/oder das Selbst gemeint sind. Irgendwann sind wir unter anderem schon mal auf die Bezeichnung „Ich" oder „Es" gestoßen. Weil es viele Bezeichnungen gibt, möchte ich mich darauf festlegen, wie ich diese Begriffe verstehe.

Das Wort Seele bedeutet ursprünglich Hauch/Atem/Wind.

Mindestens seit die Menschheit Aufzeichnungen macht, beschäftigt sie sich mit der Seele.

In sehr alten Vorstellungen wird nicht unterschieden zwischen Materie und Geist. Die Seele ist eher stofflich oder feinstofflich gedacht, also durchaus materiell.

In Geschichten über die Indianer erfahren wir, dass es vor allem die Schamanen sind, die den Kontakt zur unbewussten Welt herstellen und halten. In einigen Stämmen wird vom "großen Mann" gesprochen, der in allen Menschen wohnt und in den Träumen seinen Willen mitteilt.

In anderen Zivilisationen sind es die Tempelpriester, die die Welt des Unbewussten befragen.

Aus der geschichtlichen Betrachtung sind in den verschiedenen Kulturen durchaus Gemeinsamkeiten oder zumindest sehr nahe beieinander liegende Auffassungen zur Seele zu erkennen.

So finden wir sehr oft die Dreiteilung der Seele und die Zuschreibung von Funktionen: Emotion, Intellekt, sinnliche Erkenntnis, Steuerung der Körperfunktionen.

Auch ist sie an verschiedenen Stellen/Organen im Körper lokalisiert.

Überwiegend wird angenommen, dass die Seele immateriell, unsterblich und ewig sei und eine vorgeburtliche Existenz habe.

Im Buddhismus wird die Existenz einer Seele bestritten, denn in dieser Philosophie wird die Existenz aller Materie bestritten. Materie sei nur eine vorrübergehende Erscheinung von verdichteter Energie. Real sei nur die Essenz, aus der alles besteht, und nur diese bleibt nach Zerfall der Materie bestehen. Eine Seele kann zwar inkarnieren, jedoch nicht als die gleiche, die sie war. Statt dessen bildet die Seele aus dem Vor-Leben die Grundlage für die Entwicklung der Seele im Jetzt-Leben.

„Der Buddhismus glaubt an universelle Kausalität, dass alles Ursachen und Bedingungen unterliegt und ständiger Veränderung unterworfen ist. Einem göttlichen Schöpfer wird hierbei ebenso wenig Platz eingeräumt wie sich selbst erschaffenden Lebewesen. Alles entsteht vielmehr als Folge von Ursachen und Bedingungen. Ebenso kommt Geist oder

Bewusstsein nur als Ergebnis seiner vorausgehenden Momente zustande." (1, S. 116)

Der Glaube an universelle Kausalität ist keineswegs unproblematisch, wie wir im Kapitel Physik und Seele noch erfahren werden. Denn wenn es weder Vergangenheit noch Zukunft gibt und der Zeitpfeil sich in jede Richtung bewegen kann, kann auch nicht mehr klar zwischen Ursache und Wirkung unterschieden werden.
An dieser Stelle soll diese These des Buddhismus jedoch erst einmal so stehen bleiben.

In der traditionellen chinesischen Medizin, die tausende Jahre alt ist, gibt es keine Trennung von Körper und Seele. Jede körperliche Krankheit wird gleichermaßen seelisch behandelt. Auch in dieser Tradition besteht die Seele aus drei Teilen.

Der Grieche Platon geht davon aus, dass die Seele so etwas wie eine Grundessenz des Universums ist, die daher weder entstehen noch vergehen kann. Ein höchst interessanter Ansatz, wie ich finde. Allerdings gibt er noch keine Erklärung für den Zusammenhang zwischen der individuellen und der Kollektivseele.
Bei Platon gibt es bereits die Idee eines Unbewussten. Er entwickelt auch eine Vorstellung vom Bewusstsein, das er als Vernunft bezeichnet.
Auch eine vernunftbegabte Weltenseele, die den gesamten Kosmos beseelt und steuert in Form von Prinzipien, ist in seiner Auffassung zu finden.
Gleiches gilt für den berühmten Sufi Ibn Arabi.

Interessant ist, dass Platon vom Standpunkt der Moral aus urteilt und die Triebe als „schlecht" darstellt.

Ist man jedoch konsequent in der Betrachtung des Makrokosmos, so ist festzustellen, dass das Universum kein „Gut" und „Böse" kennt, sondern nur das „Einfach so sein". Niemand würde auf die Idee kommen, einen

Vulkan als böse zu bezeichnen, nur weil er das tut, wofür er geschaffen ist, nämlich ein Ventil für die Erde zu sein. Das gleiche trifft für eine Sternenexplosion zu, die notwendig ist, um aus den freiwerdenden Elementen Neues entstehen zu lassen.

Wenn man davon ausgeht, dass der Mikrokosmos nicht anders in seiner grundlegenden Beschaffenheit als der Makrokosmos ist, dann gibt es von Natur aus kein „Gut" und „Böse" im Menschen, sondern es ist so, wie es ist. Der Mensch braucht alle Eigenschaften, mit denen ihn die Natur ausgestattet hat, um zu überleben.
Erst durch das Sein in und mit der menschlichen Gesellschaft entsteht Moral. Für das Überleben der Menschheit als Gemeinschaft ist diese notwendig, zumindest so lange, bis die Menschheit einen bewussten Umgang mit den angeborenen Eigenschaften gelernt hat.

Es gibt Hinweise in der Forschung darauf, dass dem Menschen mitmenschliches Verhalten angeboren ist. Er ist also von Natur aus auf den Erhalt der menschlichen Gemeinschaft, in der er ja erst selbst zum Menschen wird, eingestellt. Allein die Geburt als Mensch reicht noch nicht aus, zu einem Wesen zu werden, das wir als Mensch bezeichnen. Erst das Leben in der Menschengemeinschaft macht ihn dazu.
Daraus schlussfolgernd, gibt es offenbar ein evolutionäres Interesse, dass der Mensch lernt, alle seine Eigenschaften in sein Bewusstsein zu integrieren und damit bewusst umzugehen.

Das Judentum kennt einen Ort der Seelen und ebenfalls die Dreiteilung mit den oben beschriebenen Funktionen.
In der Kabbalah heißt es, dass der Mensch aus drei Prinzipien besteht:
1. Nephesch, das materielle Prinzip oder der Körper,
2. Neschama, der Geist, Intelligenz und Erkenntnis,
3. Ruach, ein vermittelndes, verbindendes Prinzip, das über Kanäle mit den anderen beiden Teilen verbunden ist, diese beeinflusst, aber auch von diesen beeinflusst wird.

Es wird davon ausgegangen, dass jede Form, also auch der Mensch, männliches und weibliches Prinzip in sich vereint, ansonsten ist es keine vollkommene Form.

Alles ist in ständiger Bewegung und diese Bewegung vollzieht sich geordnet nach Gesetzen.

In diesen Anschauungen wird die Nähe zum Hinduismus und Taoismus deutlich. Die kabbalistische Lehre der Juden, die im Zohar und Sepher Jesira ihren Ausdruck findet, hat ihre Wurzeln vor allem in der ägyptischen und indischen Mythologie. Daher die Gemeinsamkeiten in den Auffassungen zum Seelenbegriff.

Nach Hegel stellt die Seele das Prinzip der Beweglichkeit dar, mit der die Leiblichkeit in Richtung auf das Bewusstsein transzendiert wird. (9). In ihrem frühen Entwicklungsstadium ist die natürliche Seele noch ganz und unmittelbar mit der Natur verbunden. Im zweiten Entwicklungsstadium ist sie fühlende Seele und in der dritten Entwicklungsstufe wird sie zur wirklichen Seele, die er als „die für sich seiende Idealität ihrer Bestimmtheiten" definiert - kurz gesagt, das Erwachen der Seele zum Ich. (vgl. 44)

Hegel stellt hiermit die Entwicklungsstadien der Seele dar und begründet damit auch eine Sinnhaftigkeit unseres Seins, die nämlich in der Entwicklung unserer Seele besteht.

Helmut Plessner sieht die Seele als Ganzheit des Menschen mit allem Wünschen und Wollen und allem unbewussten Drang. Der Geist ist eine Art Diener der Seele, der bei der Befriedigung der Wünsche hilft, wobei dieser Geist mehr als nur Intellekt ist. Er umfasst den kulturellen Gehalt aller menschlichen Selbst- und Wertverhältnisse. (12).

Seine Ansicht zum Verhältnis von Bewusstsein und Unbewusstem halte ich für sehr interessant. Es wird an späterer Stelle weiter besprochen.

Im 20.Jhd. entwickelte sich sukzessive eine Seelentheorie und daraus folgernd eine Lehre über die Seele, die Psychologie.

Die wohl bekanntesten Vertreter waren Sigmund Freud und Carl Gustav Jung. Ihnen kommt das Verdienst zu, die unbewussten Seelentätigkeiten erforscht zu haben und in die Betrachtungen einzubeziehen.

Freud bezeichnete das Seelenleben als die Funktion des psychischen Apparates, der räumlich ausgedehnt aus mehreren Instanzen zusammengesetzt sei: ES, ICH und ÜBER-ICH. Das Gehirn und das Nervensystem sind das körperliche Organ und der Schauplatz des Seelenlebens.

Während Freud die Begriffe Seele und Psyche synonym gebrauchte, unterschied **Jung** beide in seiner Definition der Seele als „einen bestimmten, abgegrenzten Funktionskomplex, den man am besten als eine *Persönlichkeit* charakterisieren könnte"(13). Er unterschied zwischen innerer und äußerer Persönlichkeit, also zwischen Seele als innerer Persönlichkeit und der Persona als äußerer Persönlichkeit, wie sie sich in der Außenwelt darstellt. Diese ist von den Absichten des Individuums und von den Meinungen der Außenwelt geprägt und wird als Maske zur Anpassung an die Außenwelt genutzt.

Als Psyche bezeichnete er die Gesamtheit aller bewussten und unbewussten psychischen Vorgänge.

Zusammenfassend kann festgestellt werden, dass überwiegend vom Altertum bis heute im Seelenbegriff folgende Aspekte enthalten sind:

1. Die Seele besteht aus mehreren Teilen, in der Regel zwei bis drei. Diese Teile sind für bestimmte Funktionen zuständig, wie der Entwicklung von Gedanken und Ideen, Wahrnehmungen und Emotionen , den Trieben und der Steuerung der Körperfunktionen.

Aber auch hinsichtlich ihrer Möglichkeiten und Sterblichkeit unterscheiden sich diese Aspekte. So kann die Exkursionsseele den Korper verlassen ohne dass der Mensch stirbt und sie ist unsterblich, während die Körperseele mit dem Körper auch nach dem Tod verbunden bleibt.

2. In nicht wenigen Kulturen wird der Sitz der Seele an zwei bis drei Orten vermutet, so zum Beispiel im Kopf, in der Brust und im Unterleib.

3. Hinsichtlich der vorgeburtlichen Präsenz und der Unsterblichkeit gibt es Befürworter als auch Gegner, wobei mehrheitlich die Auffassung der Unsterblichkeit vertreten wird.

4. Die Beschaffenheit der Seele wird in einigen Philosophien als feinstofflich bezeichnet, als Hauch, Atem, Luft, Wind, Feuer, Wasser oder Rauch, als eine Art grundlegender unerschaffbarer und unvergänglicher Essenz, in anderen Philosophien als materielle Substanz, als Körper im Körper, von der geistige Akte ausgehen.

5. In materialistischen und buddhistischen Philosophien wird die Existenz einer Seele abgelehnt.

Aus eigener Erfahrung und Gesprächen mit Betroffenen, konnte ich beeindruckende Erkenntnisse gewinnen.
Diejenigen, die Sterbende 1-2 Tage nach dem Tode noch einmal besucht haben, konnten nur noch eine leere Hülle wahrnehmen. Das war nicht mehr der Mensch, den sie kannten. Etwas fehlte ihm, er war eben nicht mehr beseelt.
Der Abschied von Toten fällt sehr viel leichter, wenn man diese Erfahrung gemacht hat.
Es gibt wahrscheinlich neben dem Grund der Ehrenbezeugung in einigen Religionen den Brauch, einen Toten drei Tage ruhen zu lassen und die Totenwache drei Tage lang zu halten, um die Seele austreten zu lassen und sich in Ruhe verabschieden zu können.

Heute im 21. Jahrhundert weiß man weitaus mehr über das Seelenleben, vorausgesetzt, man leugnet die Erkennbarkeit der Seele nicht oder gesteht eine Annäherung an die Seelenwahrheit zu. Wir wollen deshalb genauer nachfragen, was die Seele ausmacht. Da ich selbst eine bekennende „Jungianerin" bin, werde ich mich wesentlich auf die Erkenntnisse von C. G. Jung und seinen/-r SchülerInnen stützen.

I.2. Das Selbst

Der Reifen eines Rades wird von
Speichen gehalten,
doch das Leere darin ist
das Sinnvolle beim Gebrauch
Aus nassem Ton werden
Gefäße geformt,
jedoch die Leere darin
ermöglicht erst
das Füllen der Krüge
Aus Mauern,
durchbrochen von Türen und
Fenstern, baut man ein Haus.
Aber der Leerraum, das Nichts,
macht es erst bewohnbar.
So ist das Sichtbare zwar
von Nutzen,
doch das Wesentliche bleibt unsichtbar.

Laotse

(Tao-Te-King)

Das Selbst macht die Persönlichkeit eines Menschen aus, sowohl die innere als auch die äußere Persönlichkeit, die vor allem durch das Ich/Ego nach außen hin repräsentiert wird.

Aus den Darlegungen von Jung und v. Franz in der Gesamtheit können wir uns folgendes Bild vom Selbst machen:

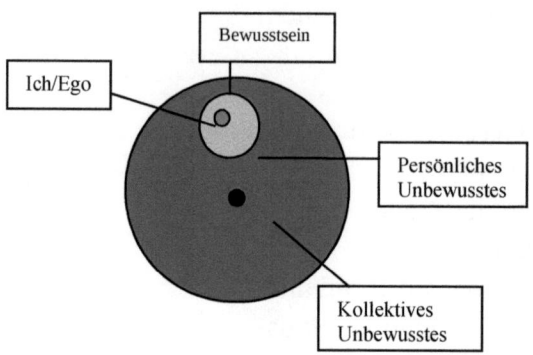

Tatsächlich stellt diese Vorstellung nur einen Kompromiss dar, denn das Selbst ist unbegrenzt, da es das kollektive Unbewusste enthält, das seinerseits ohne Grenzen ist.

Unter dem Begriff Selbst versteht man im Allgemeinen ein einheitliches, konsistent fühlendes, denkendes und handelndes Wesen. Die Seele scheint in allen Teilen des Wesens verankert zu sein und dort zu wirken. Im Laufe der Zeit haben wir unsere Vorstellungen dieser infragekommenden Wesen aufgrund neuerer Forschungen geändert. So wissen wir, dass auch Tiere fühlen und eine gewisse Intelligenz haben, und sogar Pflanzen wird inzwischen eine Art Nervensystem zugeschrieben. Deshalb denke ich, dass nicht nur Menschen, sondern auch Tiere und Pflanzen eine Seele haben.
Für Franz und Jung ist das Selbst eher gleichbedeutend mit dem Kern des Unbewussten. Ich benutze den Begriff Selbst, um die Ganzheit aller

Teile zu bezeichnen, einschließlich des Kerns. Diese Ganzheit ist einerseits personifiziert, andererseits auch nicht, da das kollektive Unbewusste ein Bestandteil des Selbst ist und großen Einfluss ausübt, wie wir noch sehen werden.

Dieses Selbst besteht aus drei Teilen und einem Seelenzentrum (dem Kern), das sich im kollektiven Unbewussten befindet:

Das Unbewusste als größter Teil, unterteilt in einen kleineren Teil, dem persönlichen Unbewussten und dem kollektiven Unbewussten, das den größten Raum einnimmt, das Bewusstsein mit dem Ich oder auch Ego genannt, in seinem Zentrum. Das Ego ist oben als Punkt im Bewusstsein eingezeichnet, und der Kern des Selbst, der sich im Kollektiven Unbewussten befindet.

Solange diese Teile des Selbst zusammenarbeiten, geht es uns gut, sind wir in unserer Mitte und bei Gesundheit.

Diese zusammen vier Teile haben unterschiedliche Funktionen.

Das Zentrum oder der **Kern des Selbst** steuert alles, das meint sowohl die Körperfunktionen wie auch unsere vermeintlich bewussten Entscheidungen. Bei Jung und seinen Schülern wird für den Seelenkern auch das Wort Selbst benutzt. Ich jedoch verstehe das Selbst umfangreicher und nenne das Seelenzentrum deshalb Kern des Selbst.

Als **Unbewusstes** werden alle psychischen Prozesse verstanden, derer wir uns nicht bewusst sind, die aber dennoch unser Verhalten, unser Denken und unsere Emotionen beeinflussen.

Das Unbewusste steuert die Körperfunktionen, es nimmt sehr sensibel wahr, was evolutionär von Vorteil ist, insbesondere wenn es um Gefahren geht, und nach neuesten wissenschaftlichen Erkenntnissen, trifft es alle unsere Entscheidungen.

Wenn wir also glauben, eine Entscheidung bewusst getroffen zu haben, so wurde sie vorher schon im Unbewussten getroffen.

Das scheint uns unglaublich, dachten wir doch immer, einen freien Willen zu haben. Doch der ist nach neuesten Forschungsergebnissen in Frage gestellt.

In seinem Buch „Das kluge Unbewusste" beschreibt Ap Dijksterhuis Experimente von Forschern die zeigen, dass es immer das Unbewusste ist, das bewusstes Verhalten vorbereitet. Übrigens war S. Freud auch dieser Meinung.

Als Schlussfolgerung aus dem Libet-Experiment wird formuliert „Das Unbewusste initiiert das Verhalten. Das Bewusstsein trifft eine Entscheidung, ein paar 100 Millisekunden nachdem das Unbewusste – längst – beschlossen hat, die betreffende Handlung auszuführen. Die bewusste Entscheidung ist also nichts weiter als eine Scheinentscheidung! Nichts als Wichtigtuerei, zu einem Zeitpunkt, zu dem schon alles beschlossene Sache ist!" (14, S. 214 f).

Das Unbewusste ist sehr viel schneller als das Bewusstsein in der Verarbeitung und Bereitstellung von Wissen und es hat eine weitaus größere Kapazität. Das ermöglicht uns Menschen, in Gefahrensituationen zu überleben, und deshalb ist das Unbewusste für fast alle wichtigen psychischen Aktivitäten verantwortlich, wogegen das Bewusstsein nur hin und wieder mit dem Endprodukt der unbewussten Produkte konfrontiert wird. (ebenda, S. 53)

Jeder von uns hat schon mal Dinge getan, die er eigentlich gar nicht tun wollte. Aber selbst wenn er sie tun will, sind die Handlungen vom Unbewussten initiiert.

Welch starken Einfluss unser Unbewusstes hat, zeigen jüngste Experimente, in denen große Menschengruppen die Aufgabe bekamen, die gleichen Gedanken, die vorgegeben waren, zu denken. Im Ergebnis dessen wurde die Wirklichkeit in Richtung der Gedanken messbar beeinflusst.

Dieses Phänomen lässt sich mit der Quantenphysik plausibel erklären. Gedanken zu denken, ist eine bewusste Aktion. Es wird psychische Energie in eine bestimmte Richtung gelenkt.

Das die Wirklichkeit beeinflusst werden konnte, hängt jedoch mit dem Unbewussten zusammen. In ihm sind wir, wie im Kapitel II erläutert, in einem Energiefeld mit allem verbunden. Mit der geballten Energie der Gedanken vieler Menschen, verändern wir das Feld.

Der Begriff **Bewusstsein** mit dem Ich oder auch Ego genannt in seinem Zentrum, wird sehr unterschiedlich gebraucht. Im medizinischen Sinne ist es ein Zustand, in dem ein Mensch mit allen Sinnen seine Umgebung erkennt.
Im psychologischen Sinne ist es die Fähigkeit, mit dem Verstand und den Sinnen die Umwelt wahrzunehmen, zu erkennen und zu verarbeiten. Es werden auch Phänomene wie Schmerz, Freude, Wärme, Kälte usw. wahrgenommen.
Es hat nicht nur einen Erlebnisgehalt sondern auch einen Absichtsgehalt, hat also Ziele und Interessen.
Ursprünglich bedeutet der Begriff Bewusstsein Mitwissen, Mitwahrnehmung. Ich finde, dass diese Bezeichnung sehr zutreffend ist, nachdem wir wissen, dass unser Unbewusstes das große Wissensreservoir ist und auch sehr viel mehr wahrnimmt als unser Bewusstsein.

Dennoch ist unser Bewusstsein nicht unnütz.
Unser Bewusstsein arbeitet dreidimensional. Diese Feststellung ist sehr wichtig, denn das ermöglicht uns, wie wir im Kapitel Physik und Seele noch sehen werden, Objekte als räumlich zu erkennen und nicht etwa als vieldimensionale Welle oder nur als zweidimensionale Fläche.

Das Bewusstsein könnte als Bühne fungieren (vgl. 14), über die unbewusste Prozesse miteinander kommunizieren, so zum Beispiel auch Archetypen, die ich noch erläutern werde.
Es hat eine vermittelnde Funktion zwischen dem Ich und dem Unbewussten.
Eine seiner wichtigsten Aufgaben ist Erkenntnis und Mitwirkung bei einer Handlung. Mit Hilfe des Bewusstseins durchdenken wir Prozesse, bewerten Situationen, vergleichen und haben Zugriff auf Erfahrungen.

Es regt auch Prozesse im Unbewussten an. Insofern und nur insofern kann es das Unbewusste beeinflussen und so helfen, dass Komplexe im Unbewussten aktiviert werden, die notwendig sind, um Lösungen zu finden, Korrekturen vorzunehmen.

Als ein Beispiel für diese Zusammenarbeit von Bewusstsein und Unbewussten sei eine Methode der tiefenpsychologischen Therapie genannt: Die Katathym Imaginative Psychotherapie (KIP). Es ist eine Methode des Tagträumens, bei der ein Therapeut unter anderem eine bestimmte Imagination zur Kompensation einstellen kann. Das Unbewusste wird aktiviert und kann dann die Korrektur vornehmen. Mit der Methode des KIP sind jedoch wesentlich mehr Möglichkeiten gegeben.

Schließlich ermöglicht das Bewusstsein uns, Erlebnisse zu haben und bringt damit Farbe in unser Leben, Empfindungen und Erlebnisse machen unser Leben interessant. Und auch das Denken macht Spaß. „Ohne Bewusstsein gleicht das Leben einem traumlosen Schlaf. Man erlebt nichts und kann nichts genießen." (14, S. 235)

Das **Ich oder das Ego** ist die handelnde Persönlichkeit. Nur sie kann tätig werden und umsetzen, verwirklichen. Es ist eigentlich ein Diener des Unbewussten und des Bewusstseins. Ich sage „eigentlich", weil es durchaus auch eigene Wege geht.

Das Ich oder auch Ego besteht aus einer Ansammlung von Erfahrungen, die wir im Laufe unseres Lebens machen, Wissen, Fähigkeiten und Fertigkeiten. In dem Dreierkomplex von Unbewusstem- Bewusstsein-Ego ist es die einzige Komponente, die die Entscheidungen des Unbewussten umsetzen kann. Dabei arbeitet es nicht fehlerfrei und geht manchmal sehr eigene Wege, auch solche, die von der Entscheidung des Unbewussten wegführen.

Wie kommt das?

Um das besser zu verstehen, müssen wir einen Exkurs in das Unbewusste machen.

Wie in der Abbildung des Selbst oben zu sehen ist, unterscheiden wir das Unbewusste in das persönliche oder auch individuelle Unbewusste und das kollektive Unbewusste.

Im Bereich des persönlichen Unbewussten werden die Erfahrungen, die eine Person im Laufe ihres Lebens macht, gespeichert. Das bedeutet, dass die Außenwelt starken Anteil an dem hat, was erfahren und festgehalten wird. Diese können bewirken, dass ein Mensch eine Entscheidung in einer Sache trifft, die im Widerspruch zu den im kollektiven Unbewussten konstellierten seelischen Energiekomplexen steht. Das entspricht in etwa dem geflügelten Wort „zwei Seelen wohnen ach in meiner Brust".

Dafür habe ich in meiner therapeutischen Praxis einige Erfahrungen gesammelt. Hier ein Beispiel für das bessere Verständnis. Es liegt das Einverständnis des Clienten zur Veröffentlichung vor.

Hartwig S. hatte in seiner Jugend große Probleme mit seinem Vater, dem er nichts recht machen konnte. Das führte zu einem geringen Selbstwertgefühl des Sohnes. Dieser wollte als Erwachsener nach dem Studium beweisen, dass er mehr als der Vater erreichen konnte. In seiner selbständigen Tätigkeit als Unternehmer war er erfolgreich, aber das reichte ihm nicht. Er plante daher, mit dem erarbeiteten Vermögen ein Wohn- und Geschäftshaus zu bauen. Ein Jahr lang kämpfte er um die Finanzierung des mehrere Millionen kostenden Projektes. Endlich hatte er es erreicht. Er kam am Abend in seine Wohnung und sprach fröhlich vor sich hin, dass er nun mit dem Bau beginnen könne. Plötzlich hörte er einen lauten Schrei „Nein!". Er sah sich erschrocken um, aber da war niemand. Zunächst konnte er nicht verstehen, was da passierte. Dann, nach einigem Nachdenken wurde ihm klar, dass diese Stimme aus seinem eigenen Innersten kam. Irgendetwas in ihm wollte nicht, dass er sich auf dieses Projekt einließ. Das wurde ihm klar. Diesen Schock musste er erst einmal verdauen. Dann begann er mit seiner inneren Person zu verhandeln. Er wisse ja, dass das Bauen nicht sein Geschäft sei, sondern er im sozialen Bereich weiter tätig sein sollte. Aber es sei eine interessante Herausforderung, die er gern annehmen möchte. Wenn er fertig ist mit dem Bauen, kehrt er wieder zurück zu seinem eigentlichen Geschäft, versprach er der inneren Person und er begann den Bau und führte ihn auch zu Ende. Dennoch war dieses Projekt ein Misserfolg. Erschüttert und ausgebrannt zog er sich erst einmal von allem zurück und versuchte zu analysieren, warum das alles passiert ist. Dann, nach zwei Jahren Therapie ging er langsam ins Leben zurück und begann in seinem ursprünglichen Beruf zu arbeiten. Und in diesem war er wieder erfolgreich.

Manchmal verführt uns das Leben, Wege zu gehen, die unserer Individualität nicht angemessen sind. Hier ging ganz klar das Ego andere Wege als das Unbewusste vorgesehen hatte, denn das Bauen und vor allem das Geschäftemachen waren nicht in ihm angelegt. Auf derartige Fähigkeiten konnte er nicht zurückgreifen.
Dieses Beispiel zeigt, wie wichtig es ist, zu wissen, was die innere Person möchte, wofür wir eigentlich gemacht sind. So können wir Irrwege und Krankheiten, wie den Burnout, der ein seelischer Infarkt ist, vermeiden. Im dritten Kapitel werde ich dazu weitere Erläuterungen geben.

Das ist keine neue Erkenntnis. Schon vor mehr als 3000 Jahren fand diese Weisheit Eingang ins Buch der Wandlungen, in das I Ging, im alten China. Sie war damals in einem anderen Stil mit anderen Worten verfasst, so dass sie uns heute mystisch anmutet. Jedoch im Kern läuft es darauf hinaus. Der Leser möge sich selbst ein Bild machen: „Wenn die Richtung der Handlung mit den Weltgesetzen übereinstimmt, dann führt sie zum Gewinn des Erstrebten. ... Wenn die Richtung des Handelns mit den Weltgesetzen in direktem Gegensatz steht, so führt sie notwendig zu Verlust. Nun gibt es aber auch Bewegungsrichtungen, die nicht so unbedingt auf ein Ziel losführen, Abbiegungen der Richtung sozusagen. Wenn nun die Richtung ursprünglich falsch war, aber man rechtzeitig Trauer darüber empfindet, kann man das Unheil vermeiden und durch Umkehr das Heil doch noch erlangen." (15, S. 310)

Die chinesischen Taoisten glauben nicht an einen personifizierten Gott. Die Weltgesetze sind für sie die Naturgesetze. Diese Gesetze bewirken den Fluss der Veränderung und Umwandlung. Da der Mensch ein Teil der Natur ist, unterliegt er diesen Gesetzen und sollte sich mit seinem Tun deshalb in Richtung des Flusses der Ereignisse bewegen und sich nicht gegen die Flussrichtung stemmen. Das wiederum hat nichts zu tun mit falscher Anpassung oder Unterordnung. Vielmehr geht es darum, dass ein jeder mit dem, was er beitragen kann aufgrund seiner Fähigkeiten, den Fluss kraftvoller werden lässt.

Wenn diese Weisheiten schon Jahrtausende alt sind, warum gibt es heute immer noch so viele Menschen, die an *ihrem* Leben vorbei leben? Diese Frage habe ich mir oft gestellt, denn in meiner praktischen beruflichen Tätigkeit hatte ich mit vielen Schülern zu tun, die einen Beruf lernen wollten oder sogar erlernt hatten, der nicht ihrer war. Im Ergebnis waren sie zumeist nicht erfolgreich und unglücklich. Die gleiche Ursache liegt bei Jenen vor, die im Beruf einen Burnout erleiden. Der Widerspruch ihres Inneren mit den äußeren Bedingungen kostet sie soviel Kraft, dass sie ausbrennen, dass ihre Seele einen Infarkt erleidet. Das kommt mitunter schon dazu, wenn umfangreichere Teile dieses Berufes nicht der inneren Struktur der Person entsprechen, obwohl der Beruf an sich schon der richtige ist.
Beispielsweise ist für jemanden der Beruf des Elektrotechnikers genau richtig und weil er gut ist in seinem Beruf, wird er befördert und hat nun vor allem administrative Aufgaben zu erledigen. Irgendwann merkt er, dass er nicht mehr mit seinem eigentlichen Beruf verbunden ist. Er wird unzufrieden und unglücklich. In dem Bestreben, seine Aufgaben trotzdem zu erfüllen und niemanden zu enttäuschen, verliert er sich selbst und brennt aus.
Die Menschen, die das Glück haben, ihre meiste Lebenszeit mit der Ausübung einer Tätigkeit zu verbringen, die sie ganz ausfüllt, haben die Erfahrung gemacht, dass ihnen eher Energie zufließt als dass sie ausgesogen werden. Ich komme im Kapitel III nochmals darauf zurück.

Es ist nicht, wie so oft angenommen, dass das tiefe Unbewusste sich dem widersetzt, was Bewusstsein und das Ich möchten, sondern umgekehrt.

In jahrzehntelanger Traumarbeit habe ich erkannt, dass das Unbewusste nichts Negatives für uns möchte, nichts, was uns schaden würde. Es hat offenbar ein archaisches Interesse daran, uns auf unserem Weg zur Selbstwerdung zu unterstützen.

Wenn wir dennoch große Probleme bekommen, so deshalb, weil unser Bewusstsein nicht genügend entwickelt ist und die Informationen des Unbewussten nicht in adäquater Weise verarbeiten kann, und das Ego zu unentwickelt ist für die Umsetzung.

Die Frage ist nun, auf wen sollen wir hören?

Nun- da das Unbewusste, insbesondere das tiefe Unbewusste, viel mehr Wissen und Weisheit besitzt und viel umfassender verarbeiten kann, und auch der Steuermann ist, ist es wohl klüger für uns, nicht dem Ego zu folgen, sondern dem Unbewussten.

Im Kapitel Physik und Seele werden wir mehr darüber erfahren, warum das Unbewusste das Klügere sein muss.

Allerdings ist es notwendig, das Unbewusste zu verstehen. Wir müssen seine Sprache lernen. Dazu dann im dritten Kapitel ausführliche Darlegungen.

Jedenfalls würde sich das Unbewusste über Kurz oder Lang immer durchsetzen auf ganz eigene Art. In dem Kampf zwischen Ego und Unbewusstem kann es zu Neurosen und Psychosen, aber auch zu körperlichen Krankheiten kommen.

Als Beispiel zur Verdeutlichung stellen Sie sich vor, eine Persönlichkeit hätte hochstehende Ziele im Arbeitsleben. Sie verfügt jedoch nicht über bestimmte notwendige Fähigkeiten, beispielsweise genügend Skrupellosigkeit, um diese Ziele durchzusetzen. Nun kann diese Persönlichkeit es nicht akzeptieren, dass das so ist. Nach außen hin werden Geschichten erfunden, die sie als großartig dastehen lassen. Sie übernimmt eine Rolle. Am Ende gar glaubt sie, dass diese gespielte Rolle Realität sei. So kommt es zu einer Psychose. Weniger krass verlaufende Prozesse können in einer Charakterneurose enden.

Besser für uns wäre es, wir würden die Entscheidung des Unbewussten annehmen und mit unserem Bewusstsein und unserem Ego für eine adäquate Umsetzung sorgen. Dann passiert nichts hinter unserem Rücken.

Wenn wir uns unserer Fähigkeiten bewusst wären, aber auch unserer Defizite, dann könnte unsere Entwicklung eine Richtung nehmen, die von Erfolg gekrönt wäre.

Natürlich kann es in der Entwicklung einer Persönlichkeit schon in der Kindheit oder Jugend zu Konflikten oder Krisen gekommen sein. Diese können zu einem Defizit im Selbstwertgefühl geführt haben. Das ist garnicht so selten, wie wir vielleicht glauben. Wenn man von einer Bezugsperson ständig hört, dass man nichts richtig macht, oder gar körperlich gezüchtigt wird, schwindet das Selbstvertrauen, wenn je eins entwickelt werden konnte.

In dem Abschnitt "Lebenskrisen" werde ich näher darauf eingehen. Es gilt dann, diese Defizite zu erkennen und als Ursache für bestimmte Verhaltensweisen zu begreifen, um dann das Verhalten ändern zu können.

Das ist kein einfacher Prozess. Mitunter bedarf er professioneller Hilfe. Auf jeden Fall braucht er Zeit.

Unser Bewusstsein hat in diesem Fall die Aufgabe, zu überlegen, wie es die Bedürfnisse des Unbewussten in *reifer* Weise umsetzen kann, d. h., möglichst ohne andere Mitglieder der Gemeinschaft zu schädigen. Beispielsweise könnten Impulse aus dem Unbewussten in uns aufsteigen, die uns aggressiv machen und uns gern handgreiflich werden lassen. Jetzt ist das Bewusstsein gefragt. Wir wissen, dass das nicht in Ordnung wäre, denn wir verstoßen mit solcherlei Handlungen gegen Moral und Regeln. Deshalb ist es Aufgabe des Bewusstseins, zu überlegen, auf welche Weise das Problem lösbar wäre ohne Gewaltanwendung.

Um dazu in der Lage zu sein, muss es sich entwickeln. Damit es sich entwickeln kann, ist es für das Bewusstsein ein notwendiger Weg, sich in Phasen immer wieder vom Selbst mehr oder weniger zu losen. Es ist gewissermaßen notwendig, dass unser Ego sich voll entfaltet, was den Egoismus einschließt. Diese Abtrennung darf jedoch nie endgültig sein.

Das Ego muss die Verbindung zum Selbst immer wieder finden, damit die Persönlichkeit psychisch gesund bleibt (vgl. 16, S. 129). Am Ende der Persönlichkeitsentwicklung geht es darum, das Ego loszulassen, es zu opfern einer tieferen Einsicht und zugunsten eines wahrhaft menschlichen Verhaltens.

Es wird immer Zeiten geben, in denen wir bestimmte Seiten in uns stärker verwirklichen als andere. Das ist Leben.
Wichtig ist jedoch, dass wir Defizite in unserer inneren Person rechtzeitig bemerken, bevor sie uns krank machen. Dann müssen wir dafür sorgen, dass auch die vernachlässigten Seiten wieder Gehör finden. Diese Fähigkeit ist in jedem Menschen angelegt. Sie ist nur oft verschüttet .

In der alten chinesischen Philosophie wird das am Zusammenhang der beiden Pole Yin und Yang dargestellt. Der Yang-Pol ist vergleichbar mit einem Pluspol , während Yin den Minuspol symbolisiert. Zwischen diesen dualen Polen liegt Spannung und fließt unsere Lebensenergie, vergleichbar mit dem elektrischen Strom, der zwischen dem Plus- und Minuspol fließt. Im Laufe unseres Lebens wandern wir mal zu dem einen Pol und mal zu dem anderen. Das heißt, mal leben wir mehr unsere männlichen Aspekte, die zu Yang gehören,mal mehr unsere weiblichen, die dem Yin zugehörig sind. Weder das eine noch das andere Extrem sind gesund für uns. In der Mitte zwischen beiden Polen fühlen wir uns am wohlsten, dann sind wir ausgeglichen und zufrieden. Allerdings findet dort auch keine Entwicklung statt. Es ist also ein Gesetz des Lebens, dass wir uns zwischen den Polen hin und her bewegen. Wir soll-ten aber wissen, wie wir von Zeit zu Zeit wieder in die Mitte kommen. Dazu dann im dritten Kapitel mehr.

Unser Bewusstsein entspricht dem Yang-Pol, das Unbewusste wird dem Yin-Pol zugeordnet.
Wie oben schon gesagt, ist unser Leben ein beständiges Hin und Her zwischen den beiden Polen, so auch zwischen Bewusstsein und Unbewusstem. Am wenigsten Energie kostet es uns, wenn wir

versuchen, diesen Weg bewusst zu gehen, das bedeutet, mit der Erkenntnis des unbewussten Willens und der unbewussten Entscheidung eine bewusste Lösung zu suchen.

Das scheint im ersten Augenblick ein Widerspruch zu sein, da etwas, das unbewusst ist, ja eben nicht im Bewusstsein ist.

Wenn man aber die Sprache des Unbewussten versteht, ist es durchaus möglich, die Wünsche des Unbewussten ins Bewusstsein zu holen.

Über die Macht des Unbewussten gab es schon im 20. Jahrhundert, bevor konkrete Forschungsergebnisse vorlagen, Vermutungen.

Nach der Auffassung des Paracelsusschüler Gerhard Dorn ist die Selbsterkenntnis nicht das, was das Ich über das eigene Ich meint, sondern etwas ganz anderes. „Niemand aber kann sich selber erkennen, wenn er nicht zuerst aus fleißiger Meditation sieht und weiß...was er ist, eher als wer er ist, von wem er abhängt und zu wem er gehört und zu welchem Zwecke er gemacht und geschaffen ist, und ebenso von wem und durch wen" (17)

In ihrem Buch „Träume" beschreibt Marie-Luise von Franz die Gedanken von Jung zum Selbst: „.....Es muss ein Wesen von überlegenster Intelligenz sein, der Tiefe und Klugheit der Träume nach zu schließen. Aber ist es überhaupt ein Wesen; hat es Persönlichkeit oder ist es mehr etwas Sachliches, wie ein Licht oder eine Spiegeloberfläche? Jung nennt dieses Etwas in seinen Erinnerungen die Persönlichkeit No. 2: Er erlebte diese zunächst eher als ein persönliches oder zumindest halbpersonifiziertes Wesen. Es bestand (in mir) immer ein hintergründiges Gefühl, dass noch etwas anderes als ich selber dabei war – etwa wie wenn ein Hauch aus der großen Welt der Gestirne und der endlosen Räume mich berührt hätte, oder wie wenn ein Geist unsichtbar ins Zimmer getreten wäre, Einer, der längst vergangenen und doch immerwährend bis in ferne Zukunft im Zeitlosen gegenwärtig wäre. Dieses Wesen hat mit der Erzeugung von Träumen etwas zu tun,- „ein Geist, der an Macht dem Weltdunkel gewachsen war". Er war eine Art von autonomer Persönlichkeit, hatte aber keine bestimmte

Individualität. „Das einzig Deutliche an diesem Geist war sein historischer Charakter, seine Ausgedehntheit in der Zeit resp. seine Zeitlosigkeit." Die Persönlichkeit Nr. 2 ist das kollektive Unbewusste, das Jung später auch als objektive Psyche bezeichnet hat , ..." (18, S. 16/17). Und weiter auf S. 40 ist zu lesen: „Er ahnte, dass in No. 2 so etwas wie ein kollektiver Zeitgeist lebte, der mit den historischen Problemen unserer Kultur zu tun hat. Er sagt: „Obschon wir Menschen unser eigenes persönliches Leben haben, so sind wir doch auf der anderen Seite in hohem Maße Repräsentanten, die Opfer und Förderer eines kollektiven Geistes, dessen Lebensjahre Jahrhunderte bedeuten. Wir können wohl ein Leben lang meinen, dem eigenen Kopf zu folgen, und entdecken nie, dass wir zur Hauptsache Statisten auf der Szene des Welttheaters waren. So lebt wenigstens ein Teil unseres Wesens in den Jahrhunderten ...""".(ebenda, S. 40)

Der Nobelpreisträger Rabindranath Tagore schreibt in seinem Buch „Die Religion des Menschen" über das Wesen des Menschen ..."Die Erfahrung, welche ich in einem der folgenden Abschnitte beschreibe, überzeugte mich, dass wir an der Oberfläche unseres Wesens die ewig sich wandelnden Erscheinungsformens des Einzelselbst haben, aber in der Tiefe webt der ewige Geist menschlicher Einheit jenseits unserer unmittelbaren Erkenntnis. Er steht oft in Widerspruch zu den Nichtigkeiten unseres täglichen Lebens und wirft alle Bemühungen über den Haufen,......Er begeistert uns zu Werken, die Ausdrücke des Allgeistes sind. Er ruft unerwartet inmitten eines ichbezogenen Lebens zu den höchsten Opfern auf. Auf seinen Ruf eilen wir, unser Leben der Wahrheit und Schönheit zu widmen im ungelohnten Dienst am anderen, auch wenn wir nicht an die greifbare Wirklichkeit der idealen Werte glauben." (19, S. 15/16)

Kann man den Kern des Unbewussten mit seinen Funktionen schöner beschreiben?

Wenn wir dem Ruf folgen, verwirklichen wir unser Selbst.

Wer so etwas schon erlebt hat weiß, wie viel Energie einem in dieser Situation zufließt, wie viele unbekannte innere und äußere Helfer wir plötzlich haben, die uns bei der Verwirklichung unseres Rufes voran bringen.

Sich diesem Ruf zu verweigern, bedeutet jedoch in der Umkehrung, dass man seinem Leben den Sinn nimmt.

Was könnte uns hindern, dem inneren Ruf zu folgen?

Vielleicht Bequemlichkeit, vermeintliche Zwänge, aber auch Macht, Einfluss und Besitz zu verlieren oder einfach nur Angst.

Was kann uns passieren, wenn wir uns dem Ruf verweigern und an unserem Leben vorbei leben?

Zumeist werden eine oder mehrere mehr oder weniger starke Depressionen erlebt.

Nach meiner Erfahrung mit Alzheimerkranken im Bekannten- und Freundeskreis sowie in der Sterbebegleitung führt die dauerhafte Depression aufgrund der oben beschriebenen Weigerung dazu, dass das Unbewusste den Kontakt zum Bewusstsein abbricht und damit die Kommunikation mit der Außenwelt unmöglich macht.

Ich habe bei Alzheimerkranken beobachtet, dass diese trotz fehlender Sprache und vermeintlich fehlendem Gedächtnis sehr gut unbewusst wahrnehmen, dass sie auch Begriffe und Worte in ihrem Gedächtnis parat haben, es ist ihnen jedoch unmöglich, diese zum Ausdruck zu bringen. Möglicherweise werden die Botenstoffe an den Nervenschnittstellen, den Synapsen, nicht mehr zur Verfügung gestellt, wodurch eine Übertragung von Impulsen nicht mehr möglich ist.

Das Unbewusste steuert nicht fehlerhaft, sondern ganz „bewusst", weil es keine Entwicklungsmöglichkeiten aufgrund der Sinnlosigkeit dieses Lebens mehr sieht. Das Bewusstsein leistet keinen Dienst mehr und wird deshalb abgeschaltet.

Das ist eine kühne Behauptung, die sich jedoch auf meiner Erfahrung gründet.

Ich möchte damit nicht in Abrede stellen, dass es mehrere Formen von Alzheimer gibt und diese unterschiedliche Ursachen haben können.

Im Sterbeprozess erlangten diese Menschen ihre Sprache mit vollem Wortschatz wieder und auch das Erkennen war wieder möglich. Deshalb gehe ich nicht davon aus, dass Nervenzellen durch die Krankheit Alzheimer, oder zumindest einigen Arten von Alzheimer,untergegangen waren. Wäre das der Fall, könnte das, was ich beobachtet habe, nicht stattfinden. Ich habe daraufhin Berichte recherchiert, in denen Angehörige von Alzheimerkranken gleiche Erfahrungen gemacht haben. Niemand sollte die Rolle der unbewussten Psyche bei jeder Krankheit unterschätzen.

Indem wir uns dem inneren Ruf verweigern, machen wir uns das Leben unnötig schwer und können tatsächlich krank werden. Erinnern wir uns: Das Unbewusste steuert unsere Körperfunktionen. Wenn wir also krank werden, hat das Unbewusste das veranlasst.

Sofort wird jetzt von Einigen das Argument eingeworfen: Ja, ganz klar, wir werden krank, weil unser Immunsystem geschwächt ist.

Und – wer steuert das Immunsystem? Nach aller bisherigen Erkenntnis ist es das ein Teil des Unbewussten.

Eigentlich können wir froh sein, dass es uns von Zeit zu Zeit, wenn wir auf Wegen sind, die uns nicht gut tun, aus dem Verkehr zieht. Was würde passieren, wenn nicht?

Wir würden auf dem falschen Weg so lange weiter machen, bis wir tot umfallen. Um das zu verhindern, ist Krankheit sinnvoll und eine Chance für uns, über unseren Weg nachzudenken.

Ein ganz simples Beispiel: Sie haben einen Schnupfen bekommen. Erinnern Sie sich bitte, wie Sie sich gefühlt haben, kurz bevor der Schnupfen ausbrach? Wahrscheinlich schlecht, überfordert, Sie hatten ganz einfach im wahrsten Sinne des Wortes die Nase voll! Das Unbewusste hat Ihr Dilemma verstanden und Ihnen mit dem Schnupfen eine Möglichkeit gegeben, sich zurückzuziehen und wieder zu sich zu kommen.

Natürlich sind Viren oder Bakterien die unmittelbare Ursache. Aber diese umgeben uns ständig , erhalten jedoch keinen keine Chance, in den Körper einzudringen. Erst, wenn das Immunsystem herunter gefahren wird, kann das passieren.

Ich denke, dass es die Funktion der meisten Krankheiten ist, Schlimmeres zu verhindern.

Ich möchte an dieser Stelle auf das Buch von Dethlefsen/Dahlke verweisen: „Krankheit als Weg".

Bitte bekommen Sie jetzt keine Angst, dass das Unbewusste Sie mit den schlimmsten Krankheiten schlägt.

Nach meiner therapeutischen Erfahrung ist es eher sehr sehr geduldig mit uns.

Es versucht zunächst, uns in seiner Symbolsprache Hinweise zu geben, immer und immer wieder. Erst wenn nichts davon gehört wird, folgt die Krankheit.

Ganz viele Menschen nehmen solche Hinweise wahr, entweder über ein Gefühl oder eine Intuition, so dass sie instinktiv richtig reagieren.

Aber es gibt auch jene Menschen, die den Kontakt zu ihren Wurzeln, zu ihren Instinkten verloren haben und deshalb nicht hören und verstehen können.

Nun taucht bei machen von uns vielleicht die Frage auf, weshalb denn Seuchen die Menschheit plagen. Haben denn alle diese Menschen nichts gehört?

Die Antwort, die ich darauf geben möchte, ist der Hinweis auf eine existierende soziale Psyche, die hiervon betroffen ist. Diese zu erforschen, ist Sache der soziologischen Sozialpsychologie. Ganz gewiss ein sehr interessanter Forschungsgegenstand.

Ohne dass ich näher darauf eingehen kann, möchte ich die Annahme äußern, dass auch die soziale Psyche inneren und äußeren Bedingungen unterliegt. Wenn Widersprüche zwischen diesen sich zuspitzen und einer Lösung bedürfen, gerät das System Mensch-Natur-Gesellschaft aus den Fugen und Krankheitserreger können massenhaft angreifen.

An dieser Stelle ahnen wir schon, dass das Unbewusste mehr Dimensionen haben muss als unser Bewusstsein. Dazu mehr im zweiten Kapitel Physik und Seele.

I. 3. Lebenskrisen und Ihre Rolle für die Ganzwerdung

Lebenskrisen sind ein unvermeidbarer Bestandteil des Lebens.
Leben ist steter Wechsel von ruhigen und stürmischen Zeiten.
Darin drückt sich das Prinzip der Dualität aus. Das ganze Sein ist auf Entwicklung ausgerichtet. Entwicklung ist nur in der Auseinandersetzung von Gegensätzen/Widersprüchen möglich, wie uns die Dialektik lehrt.
Also ist auch unsere Entwicklung ein Produkt von sich aneinanderreihender Überwindung von Widersprüchen.

So gesehen, haben Lebenskrisen trotz aller schwierigen und unangenehmen Begleiterscheinungen am Ende etwas Sinnvolles und Positives.

Welche Arten von Lebenskrisen sind zu unterscheiden?

Da gibt es die Sinnkrisen, Umbruchphasen im Leben und Entscheidungskrisen/-schwierigkeiten.

In Krisen stürzen wir meist durch äußere Anlässe, wie Verluste (Verlust wichtiger Menschen, Arbeitsplatzverlust, Wohnungsverlust), Angst vor Vernichtung (Tod oder Ruin), Angst vor trostloser Einsamkeit, Angst davor, an der Sinnfrage des Lebens zu scheitern.
In der Psychologie nennen wir diese Ängste auch Urängste.

Auch wenn dies äußere Anlässe sind, gibt es dennoch Bedingungen in uns selbst, die zu Ängsten führen.
Warum haben wir eine Angst vor Trennung, die so stark ist, dass sie uns in eine Krise stürzt? Fühlen wir uns ohne den Anderen schwach, unfähig, das Leben zu meistern?
Ein Arbeitsplatzverlust führt nicht selten zu einer Existenzkrise sowohl finanziell als auch hinsichtlich unseres Selbstbildes und Selbstwertes. Was trauen wir uns noch zu? Kennen wir eigentlich unsere Stärken und Schwächen? Wo können wir ansetzen, um uns neu zu verankern?

Diese Beispiele sollen genügen, um deutlich zu machen, dass unsere Ängste etwas mit unserem Inneren zu tun haben.

Lebenskrisen dienen also dazu, uns unsere Defizite und daraus resultierende Ängste deutlich zu machen und fordern uns dazu auf, diese zu überwinden, um so stärker zu werden.

C. G. Jung sagt sinngemäß, dass jeder auf dem Weg der Ganzwerdung dem begegnet, das ihn durchkreuzt:
- was er nicht sein möchte und was er demzufolge verdrängt hat (der Schatten),
- dem, was der Andere ist,
- dem psychischen Nicht-Ich (dem kollektiven Unbewussten)
(vgl. Jung: Die Psychologie der Übertragung, Grundwerk Bd. 3, S. 310)

Das führt zwangsläufig zu Lebenskrisen.
Die Ich-Entwicklung (Ego) fordert die Überwindung von Hindernissen.
Im Laufe unseres Lebens werden viele Ich-Ziele erreicht: Familie, Wohnung, Erfolg, Bankkonto, Auto, Ansehen usw.
Wir fühlen uns wichtig und wenden viel Zeit auf, dies zu verteidigen.
Bis wir irgendwann merken, dass das Bestreben, dies zu schützen, nur eine Illusion ist: Familien driften auseinander, Erfolg hört irgendwann auch wieder auf, das Ansehen verschwindet, unsere Rolle wird immer bescheidener.

Weiter oben haben wir gelernt, dass alles Materielle nur vorübergehender Natur ist.

Dann stellt sich die Sinnfrage des Lebens. War das alles, war es das Richtige, was fehlt da noch? Oder habe ich womöglich ganz und gar an meinem Leben vorbei und das Leben eines anderen gelebt? Habe ich mich selbst verraten?
Diese Krise empfinde ich persönlich als die schlimmste Krise, es ist aber auch die mit dem größten Entwicklungspotential.

Im Tarot, einer sehr alten Lehre über psychische Strukturen, wird die Krise mit der Karte "der Gehängte" dargestellt. Ein Mensch hängt mit dem Kopf nach unten an einem Kreuz. Die Welt ist auf den Kopf gestellt. Das Materielle, der Körper befindet sich oben, der Kopf, das Geistige, ist unten. Das Materielle wird über das Geistige gestellt.

Das eigentlich Wesentliche liegt unter dem Irdisch-Materiellem verschüttet.

Anders ausgedrückt: Dem Ego wird mehr Gewicht beigemessen als dem Selbst.

Da wir bereits wissen, dass das Unbewusste ein evolutionäres Interesse an der Entwicklung des Selbst hat, kann es nicht zulassen, dass sich einseitig nur das Ego entwickelt. Deshalb lässt es uns stranden. Wir sind nicht mehr im Fluss des Lebens bis wir den Verrat an unserem Selbst korrigiert haben.

Wie spüren wir eine Lebenskrise?

Wir haben die Kontrolle über unser Leben verloren, alles scheint uns zu entgleiten. Das Gewohnte, die Sicherheit gehen verloren. Unsere Rolle im Leben verändert sich, damit auch das Selbstbild. Unser bisheriger Lebensentwurf funktioniert nicht mehr.

Zunächst wollen wir das nicht wahrhaben und stemmen uns dagegen. Gefühle der Machtlosigkeit, der Unsicherheit, auch der Wut, mitunter der Hoffnungslosigkeit kommen in uns hoch. Vor allem Angst.

In einer solchen Situation ist es ratsam, sich zu fragen, was im bisherigen Leben Kraft gegeben hat. Manchmal sind dies Orte oder aber Menschen. Diese dann aufzusuchen oder sich Rat zu holen, kann sehr hilfreich sein. Mir persönlich hat der Rückzug in die Natur mit ihrer Stille und Einsamkeit immer sehr geholfen, zu genesen.

Nicht wenige von uns schreiben sich alles von der Seele und führen Tagebuch oder einfach nur Aufsätze, die sie sammeln, um sie viel später mit dem nötigen Abstand nochmals zu lesen und sich einiger Probleme gewahr zu werden bzw. sogar Antworten zu finden.

Wenn ein solcher Anker gefunden ist, ist es Zeit, die Situation ehrlich zu beleuchten und zu analysieren.

Zunächst mal gilt es , die Abwehr aufzugeben, gewissermaßen zu kapitulieren und die Situation, wie sie ist, zu akzeptieren.

Was ist falsch gelaufen, wo hatte ich Schwächen oder besser gefragt, an welcher Stelle haben meine inneren Bedingungen nicht zur äußeren Situation gepasst? Hier wird deutlich, dass ich mir über mich selbst mehr Klarheit verschaffen muss, darüber, wer ich wirklich bin. Anders kann ich meine Stärken und "Schwächen" nicht analysieren.

Um das herauszufinden, gebe ich im Kapitel III ein einfaches Instrumentarium an die Hand. Die dort beschriebene Liste sollte sehr sorgfältig und mit Zeit erarbeitet werden.

In dem Zusammenhang ist auch interessant, sich über sein Über-Ich klar zu werden. Erinnern wir uns, das Über-Ich sind die Normen, Maßstäbe und Werte meines Umfeldes, insbesondere der Familie.

Welche Rollen habe ich bisher gespielt, welchen Preis habe ich gezahlt? Welche Träume wurden vergessen?

Jeder kann selbst entscheiden, was davon er weiter mit sich nehmen möchte und wovon man sich besser trennt, weil es nur hinderlich ist.

Das Aufgeben bzw. Loslassen von Menschen, Dingen, Ansichten ist eine wichtige Voraussetzung für das Finden von Lösungen und den Neubeginn. Das Alte muss aus dem Weg, um Platz für Neues zu schaffen.

Wenn diese Analyse getan ist, können neue Lebensziele aufgestellt und mit den dazu notwendigen Aufgaben und Wegen untersetzt werden. Wenn wir Lösungsmöglichkeiten für eine Veränderung unseres Lebens gefunden haben, wird sich ein neues Gleichgewicht einstellen und wir sind wieder im Fluss des Lebens.

Mir scheint es noch wichtig, darauf hinzuweisen, dass es kein Zeichen seelischer Erkrankung ist und auch keine Charakterstörung, wenn man von Zeit zu Zeit mit seinem Leben unzufrieden ist. Vielmehr ist es der Keim für Entwicklung, Anstoß zur Erkenntnis.

I. 4. Archetypen

Diesen Abschnitt möchte ich mit einer Auseinandersetzung zu einem Aufsatz von
Aniela Jaffè in „Der Mensch und seine Symbole". (S. 266 ff) beginnen.

..."Ohne das ausgleichende, begrenzende Gegengewicht des Irdischen und des Bewusstseins kehrt aber das Unbewusste unerbittlich seine andere, dunkle Seite hervor: auf den Reichtum des schöpferischen Klangs als „Harmonie der Sphären" oder der wundersamen Geheimnisse des Urgrunds folgen Verzweiflung und Destruktion". ..."Das Unbewusste zeigt ein doppeltes Antlitz, es manifestiert sich auf zweierlei Weise:Es erscheint als ein Geist der Natur, der den Menschen, die Dinge und die Welt schöpferisch belebt. ... Doch kann sich der gleiche Geist, das gleiche Unbewusste unversehens zu einem dunkeln Geist oder einem „Geist des Bösen" wandeln und wird als Trieb zu Macht und Destruktion erlebt. Diese Wandlung vollzieht sich vornehmlich dann, wenn das Bewusstsein versagt."

Hierzu meine ich, dass das Unbewusste keine dunkle Seite per sé hat und auch nicht „böse" ist. Ebenso wenig wie das Universum eine Moral hat, hat das Unbewusste als Teil des Kosmos auch keine Moral. Es ist wie es ist.
Es kommt ganz darauf an, was wir als Menschen mit einem Bewusstsein daraus machen.
Die Aggressionsenergie, mit der die gesamte Natur, also auch jeder Mensch ausgerüstet ist, kann uns helfen, uns vorwärts zu bewegen, Dinge in Angriff zu nehmen und umzusetzen, oder aber sie verleitet uns dazu, Kriege zu führen, andere zu töten, zu erobern und zu stehlen, im moralischen Sinne Unrechtes zu tun.

Wie wir diese Energie gebrauchen, hängt vom Entwicklungsstand unseres Bewusstseins ab.

Das Bewusstsein des Einzelnen aber ist nicht losgelöst vom Bewusstsein einer Gesellschaft oder der gesamten Menschheit, folglich spielt der Entwicklungsstand des gesellschaftlichen Bewusstseins ebenfalls eine Rolle.

Verschieben wir also unser Problem nicht auf das Unbewusste. Vielmehr zwingt uns das Unbewusste mit seinen ambivalenten Strukturen dazu, uns mit unserem Tun auseinanderzusetzen und so unser Bewusstsein zu entwickeln.

So ist auch keiner der Archetypen, die ich im Folgenden beschreibe, böse oder gut. Er ist wie er ist und ist so, weil er eine Funktion zu erfüllen hat.

„Die Welt besteht, weil sich ihre Gegensätze die Waage halten. So ist auch das Rationale durch das Irrationale, und das Bezweckte durch das Gegebene aufgewogen." (21, S. 92)

Da die Archetypen Energiestrukturen bestimmten Charakters im kollektiven Unbewussten sind, sind sie gleichzeitig Bestandteil der menschlichen Psyche, und zwar jedes Menschen.

Jeder Mensch kann zu allen Archetypen in Kontakt kommen, er lebt aber nicht alle Archetypen während seines Lebens. Manche von ihnen bleiben im Verborgenen, manche wollen ans Licht und gelebt werden.

Ich gehe sogar davon aus, dass diese Energiekomplexe, die Archetypen, nicht nur in der menschlichen Seele existieren, sondern im gesamten Universum.

Alte Schriften gehen davon aus, dass es eine Uressenz gibt, die reine Strahlung ist. Dann folgt eine Ebene, in der die Urideen, die potentiellen Möglichkeiten angelegt sind. Bestimmte Gesetze/Prinzipien verwirklichen diese dann. Und bereits hier sind meines Erachtens die Archetypen als bestimmte Energiestrukturen angesiedelt. So gibt es schöpferische Prinzipien, die Neues hervorbringen. Gewiß eine archetypische Struktur.

Dann gibt es erhaltende Prinzipien, in denen Wachstum und Entwicklung stattfinden kann, um dann schlussendlich dem zerstörerischen Prinzip anheim zu fallen. Die bei der Zerstörung freigewordenen Elemente sind Voraussetzung für das Wirken des schöpferischen Prinzips zur Schaffung von Neuem.

Die archetypischen Energien entsprechen diesen Prinzipien, die im gesamten Universum wirken.

Weiter oben wurde bereits das Beispiel des Vulkans genannt, dessen Energie einen durchaus aggressiven Charakter hat. Auch wir Menschen nutzen diese Art Energie, wenn wir uns durchsetzen wollen, wenn wir Angelegenheiten voran bringen wollen, wenn wir Pläne in die Realität umsetzen wollen, aber auch, um zu erobern, zu unterdrücken, zu prügeln und zu töten.

Es ist eine Aufgabe des Bewusstseins und des Ego,dafür zu sorgen, dass diese archetypische Energie in angemessener Weise, die uns und anderen Entwicklung bringt, gelebt werden können.

Natürlich bin ich nicht so naiv zu glauben, dass uns das immer gelingen würde.

Nicht umsonst passiert es uns, dass wir jemanden wütend anschreien oder dass uns Machtgelüste dazu verführen, Intrigen gegen andere zu spinnen, Neid uns dazu veranlasst, jemandem etwas wegzunehmen usw. Wie könnte ich denn diese Energien, die dafür verantwortlich sind, bewusst einsetzen?

Nun, ich könnte zum Beispiel meine Macht dafür nutzen, nicht nur mir, sondern auch anderen Vorteile zu verschaffen, dann bräuchten diese nicht neidisch und wütend auf mich sein.

Schwieriger ist die Sache mit dem Wutausbruch. Um den in den Griff zu bekommen, ist ein längerer Weg des Klarmachens der wirklichen Ursachen meiner Wut zu gehen. Dieses Beispiel greife ich im Kapitel III nochmals auf, um es zu erklären.

Mit der Darstellung einiger wichtiger Archetypen unserer Seele geht es mir auch darum, einerseits zu zeigen, dass kein Mensch sich dieser archetypischen Energien schämen muss, denn sie gehören natürlicherweise zu ihm, er kann sich diesen archetypischen Energien auch nicht entziehen, und andererseits zu zeigen, dass zeitliche Abläufe in unserem Leben mit ihrem Erscheinen zusammenhängen.

Zunächst soll aufgezeigt werden, wie anerkannte Forscher Archetypen beschreiben.

Nach Jung, dem das Verdienst zukommt, das kollektive Unbewusste mit seinen Archetypen untersucht und beschrieben zu haben, handelt es sich um angeborene normale Komplexe der Psyche, die jeder Mensch hat. Es sind psychische Felder, die strukturähnliche Vorstellungen, Gedanken, Emotionen und Phantasiemotive in sich wiederholenden Situationen erzeugen. An dieser Stelle beschränke ich mich bewusst darauf, dass archetypische Dimensionen *psychische* Strukturen sind, da Jung davon ausgegangen ist.
Später im Kapitel II wird aufgezeigt, dass Archetypen Naturgesetze sind. Einfach ausgedrückt kann man sagen, die Kriterien für die Charakteristik eines Archetyps sind das Erscheinen in Bildern und Symbolen verbunden mit Emotionen, und es muss sich um etwas handeln, das allen Menschen gemein ist und in bestimmten Situationen wiederholt abläuft. Jeder Archetyp hat einen speziellen Gefühlston.

Zum besseren Verständnis hier einige Beispiele für archetypische Strukturen, die später noch erläutert werden.
Wir hatten schon das Beispiel Wut, die ihre Grundlage im Archetyp Aggression hat. Aggressionsenergie ist überall im Universum vorhanden: Ein Vulkanausbruch, die Explosion einer Supernova, ein scharzes Loch, Bewegung und damit verbunden Geschwindigkeit.
Aggressionsenergie hat nicht persé einen negativen Charakter. Ohne diese psychische Energiequalität wären wir nicht Im Stande, uns vorwärts zu bewegen, zu jagen und uns zu ernähren, uns durchzusetzen, uns zu verteidigen.

Sie ist also lebensnotwendig für uns. Und übrigens auch für das Funktionieren des Universums. Gäbe es keine Explosionen von Sternen im All, könnten keine neuen Elemente und keine neuen Himmelskörper entstehen. Gäbe es keine Vulkane, hätte die Erde kein Ventil, um "Dampf abzulassen".

So wie diesen Energiekomplex, gibt es verschiedene andere Qualitäten von Energiefeldern, zum Beispiel die Liebe, die zusammenfügt, vereinigt, Kooperationsfähigkeit und Miteinander hervorbringt.

Diese Kräfte der Natur wurden vor Jahrtausenden in der Natur, in Tieren und in uns Menschen beobachtet. Sie wurden zu Gottheiten erklärt.
Die Wissenschaften und die Technik waren noch nicht genügend entwickelt, um andere Erklärungen zu finden.
Davon zeugen die alten Religionen. So verkörpert in der ägyptischen Mythologie beispielsweise der Gott Seth (Saturn) Zerstörung, die Reduktion auf das Wesentliche, während Isis zusammenfügt und Leben gibt.
In der jüdischen Religion, über die in der Kabbalah zu lesen ist, eine jahrtausende alte Lehre, ist geschrieben: "Jeder dieser Namen bezeichnet ein besonderes Attribut Gottes, d. h. ein wirkendes Gesetz der Natur und ein Aktionszentrum." (Kabbala, S. 101)

Danach gäbe es dann zehn grundlegende Naturgesetze, denn es gibt zehn Namen Gottes in der Kabbalah.

Die Ergebnisse der Beobachtung der Natur wurden seinerzeit in einer Sprache niedergelegt, die zur damaligen Zeit verstehbar war. So waren auch die Archetypen der Menschheit seit sehr langer Zeit bekannt. Eine sehr alte und bis heute bekannte Schrift, der Tarot, stellt Archetypen in Symbolen dar.

Archetypen als Inhalt des kollektiven Unbewussten manifestieren sich auch in Träumen.

Es ist nicht immer leicht, die Träume nach archetypischen Träumen und jenen, die das persönliche Unbewusste betreffen, zu unterscheiden.

Jung weist außerdem darauf hin, dass nur die *Strukturen* angeboren sind, nicht die Bilder. Diese Bilder können sehr verschieden und in unbegrenzter Zahl erscheinen, je nachdem, welche Rolle bestimmte Symbole für den Träumer oder die Person spielen.
Ein Beispiel dafür: Der Kern des Selbst kann sich symbolisieren in dem Bild eines Kindes, eines Steines, eines Mandalas, eines Kreises u. v. m. Der Archetyp ist nur **einer**, die Bilder, in denen er sich ausdrückt, können sehr vielfältig sein.

Beispiele für Archetypen sind unter vielen anderen Vater, Mutter, Kind, Hexe, Zwerg, Held, der auszieht, sich zu beweisen und sich vom Elternhaus unabhängig zu machen, Liebe, Mut, Aggression, der König, der für Verantwortung und Strenge steht, der/die Weise.
Mit diesen Beispielen soll zunächst eine Vorstellung davon gegeben werden, was Archetypen sind. Diese Symbole verkörpern allgemein menschliche Eigenschaften, die die seelische Struktur eines *jeden* Menschen bestimmen.

Frauen, die ihr erstes Kind geboren haben, erleben unmittelbar nach der Geburt eine Veränderung in sich selbst, in ihrem Verhalten. Sie stellen dieses junge Leben über ihr eigenes Leben und sind bereit, es mit ihrem eigenen Leben zu verteidigen und auch Verzicht zu üben im Interesse des Kindes. Es manifestiert sich der Archetypus Mutter. Dieser befähigt die Frau, ihre Rolle als Mutter wahrzunehmen.
Aber wie alles in dieser Welt hat auch jeder Archetypus zwei Seiten. So gibt es auch im Mutterarchetypus unentwickelte Seiten, wie die Übermutter, die dem Kind den Atem nimmt, ihm keine eigene Entwicklung gestattet oder die „böse" Stiefmutter, die wir aus dem Märchen „Schneewittchen" so gut kennen.
Das Gleiche gilt für den Vater-Archetypus. Die unentwickelte Seite ist tyrannisch, selbstsüchtig, gewalttätig.

Jugendliche erleben den Archetypus der Initiation in der Pubertät. Er zeigt den Übergang von einer Lebensstufe zur nächsten an, den man aber durchaus auch in fortgeschrittenem Alter im Zusammenhang mit einer neuen Lebensaufgabe erleben kann. In diesen Jahren der Pubertät entwöhnen sich die Jugendlichen vom Elternhaus und werden so befähigt, sofern dieser Prozess in adäquater Weise stattfindet, ihren eigenen Weg zu finden und zu gehen. Am Ende der Zeit der Initiation kommt es zu einer größeren, umfänglicheren Identität, die dem Ego Kraft liefert, um die Heldenreise, die Lebensreise zu beginnen oder fortzusetzen.

Der Heldenmythos in den Geschichten und Märchen spiegelt jede Entwicklungsstufe der menschlichen Persönlichkeit wider. Wird die nächste Stufe erreicht, ist der Mensch gereift, stirbt der Held, um in der nächsten Stufe neu geboren zu werden. Für diese Entwicklungsstufen finden wir in den Mythen unterschiedliche Heldengestalten:
Den Trickster, dessen körperliche Begierden für sein Verhalten bestimmend sind. Er hat die Mentalität eines Kindes und kann grausam, zynisch und gefühllos sein. Diese Stufe finden wir auch in Märchen oder Geschichten gespiegelt, wie beispielsweise in „Tille Bille, die rosa rote Maus" von Elisabeth Shaw, in der der Fuchs nur Unfrieden stiftet, bis er überlistet wird.
In der **zweiten Stufe** wird der Held ein gesellschaftliches Wesen, das in der Lage ist, die infantilen und instinktiven Impulse aus der Trickster-Zeit zu korrigieren. Er ist nun in der Lage, sein Verhalten besser zu reflektieren und mit Normen abzugleichen, um sich besser anzupassen. Er beginnt, bewusst Nützliches und Sinnvolles zu tun.
Im **dritten Stadium** der Entwicklung ist der Held erfolgreich in vielen Kämpfen. Aber mit diesem besonderen Erfolg kann auch ein Übermaß an Stolz entwickelt werden, den wir in der Psychologie Hybris nennen. Diese Hybris macht den Helden für seine Mitmenschen gefährlich. Der Held glaubt dann, er könne alles machen und alles erreichen.
Dieses Stadium lässt sich gut bei Politikern und Wirtschaftsbossen beobachten.

Erst in der **vierten Stufe**, wenn der Held sich bewusst entschließt, seine Macht und seine Möglichkeiten nicht mehr zu missbrauchen und Verantwortung für Mitmenschen und Natur zu übernehmen, ist die menschliche Natur wieder im Gleichgewicht. (Vgl. 22)

Die Entwicklung des Helden ist mit der Entwicklung des Ego vergleichbar.
Immer, wenn das Ego Unterstützung braucht, steigt das Bedürfnis nach Heldensymbolen an.
Das trifft auch für die soziale Psyche zu. Fühlt sich das Ich vieler Einzelner machtlos und ausgeliefert, ertönt der Ruf nach Helden bzw. werden Populisten sehr schnell zu Helden stilisiert. So kann es passieren, dass Persönlichkeiten an die Macht kommen, die eigentlich gefährlich für die Menschen sind.

Wie wir am Beispiel des Heldenmythos sehen können, entstanden Märchen und Mythen und die damit verbundenen Figuren, um die Eigenschaften der menschlichen Seele zu spiegeln und damit nach außen zu bringen, wo nunmehr Betrachtung, Nachdenken und Analyse besser möglich waren. Die Figuren in den Märchen, Sagen, Mythen spiegeln selbst keine moralischen Werte wider, sind aber möglicherweise eine Grundlage für die Herausbildung einer Moral im mitmenschlichen Leben.
Indem sie die umfangreichen menschlichen Eigenschaften darstellen, können die Menschen entscheiden, welche davon sie fördern möchten und welche im Zaum gehalten werden müssen. Ich sage hier ganz bewusst nicht, dass sie unterdrückt oder verdrängt werden sollen. Vielmehr müssen Mittel und Wege gefunden werden, bewusst mit allen Eigenschaften umzugehen.
Beispielhaft sollen archetypische Eigenschaften wie Macht und Gier betrachtet werden. Machtmenschen sind in der Lage, die Welt voran zu bringen. In wessen Interesse und auf welche Weise sie das tun, hängt von der Entwicklungsstufe ihrer eigenen Persönlichkeit ab.
Es gibt jene, für die es notwendig ist, um sich an der Macht zu halten, andere gegeneinander auszuspielen, nach dem Motto: Teile und

herrsche! Sie sind Meister der Intrigen, unaufrichtig und oft niederträchtig. Triebkraft für ihr Handeln ist ein minderes Selbstwertgefühl im Inneren. Sie werden nicht von einer Weltanschauung geleitet, in der die Verantwortung für Andere, die mit Macht verbunden ist, ein entscheidendes Prinzip für Handeln ist. Natürlich werden auch Jene, die auf reife Weise mit der Macht umgehen, von Zeit zu Zeit Entscheidungen treffen müssen, die sich gegen eine Gruppe von Menschen richtet im Interesse einer anderen, größeren Gruppe. Dies lässt sich wohl im Umgang mit Macht nicht vermeiden. Daher vermeiden weise Menschen Macht. Sie wissen, dass Macht kein Mittel ist, im Sinne der Gesetze des Tao zu handeln.

Ähnlich verhält es sich mit der Gier. Es gibt viele Arten von Gier: Machtgier, Geldgier, Gier nach Liebe, Gier nach Anerkennung, Gier nach Neuem usw.

Gier an sich ist ein Streben, oft ungezügelt, nach Befriedigung eines Bedürfnisses, wobei für Gier charakteristisch ist, dass die Befriedigung immer neues Begehren schafft. Damit ist Gier per sé eine Triebkraft. Durch diese Triebkraft können Reichtümer oder Ruhm angehäuft werden, besondere Leistungen erbracht und Forschung vorangetrieben werden. Wir sehen, es gibt auch hier negative wie positive Aspekte. Wenn die "Neu-Gier" von Forschern soweit geht, dass Entwicklungen in Gang gesetzt werden, die sich gegen die Menschheit und die Umwelt richten, dann schlägt die zunächst positive in eine negative Qualität um. Als Beispiel hierfür ist sehr einleuchtend die Forschung an der Atomkraft und die daraus entstandene Atombombe.

Wenn es dazu kommt, ist die Persönlichkeit eines Forschers nicht weit genug entwickelt. Es fehlt ihm das Verantwortungsgefühl, das nicht nur aus gesellschaftlicher Moral entsteht, sondern auch auch aus der Fähigkeit zur Mitmenschlichkeit.

An dieser Stelle ist zu fragen, wie steht es damit bei uns allen, eben gesamtgesellschaftlich? Wir, die Mehrheit, können derartige Entwicklungen verhindern, in unserem eigenen Interesse.

Und um diese polare Auseinandersetzung geht es wohl im gesamten Universum, so auch in der menschlichen Gesellschaft.
Ich hoffe, ich konnte begreiflich machen, welches Potential Archetypen haben und wie wichtig sie für Entwicklung sind.

Weiter oben wurde schon festgestellt, dass Archetypen keine moralischen Wertungen beinhalten, sondern die Natur selber sind, wohl aber enthält das kollektive Unbewusste so etwas wie einen Ethos, der im Interesse der Evolution der Menschheit wirkt, möglicherweise sogar im Interesse der Evolution des gesamten Universums.
Das bedeutet jedoch nicht, dass dieser sich automatisch ohne unser Zutun durchsetzt. Es bleibt für unser Bewusstsein unerlässlich, sich zu entwickeln und diesen Ethos umzusetzen.

Wenn wir wissen wollen, mit welchen Eigenschaften wir Menschen ausgestattet sind, müssen wir uns die Märchen und Mythen ansehen.

Diese Tatsache nutzen Autoren und Filmemacher sehr klug, was bestimmte Bücher und Filme so enorm erfolgreich macht. Harry Potter, Der Herr der Ringe, Avatar, Star Wars, sind sehr gute Beispiele dafür, wie in den Figuren archaischen Wesenszüge der Menschen umgesetzt sind. Deshalb können sich die Menschen mit diesen Figuren identifizieren, und diese Geschichten haben sogar eine therapeutische Wirkung.

Als ich den Film Avatar gesehen habe, bin ich unglaublich froh und ausgeglichen aus dem Kino gegangen. Dieser Film hatte meine Seele emotional tief berührt und ein Gleichgewicht in mir erzeugt, wodurch auch immer.

Erinnern wir uns, das Bild bzw. das Symbol und die Emotion dazu charakterisieren die archetypischen Dimensionen unserer Seele. Vielleicht ist damit auch erklärbar, warum sich manche Mythen tausende von Jahren im Gedächtnis der Menschheit gehalten haben.

Als ich mich mit der ägyptischen Mythologie beschäftigt habe, hat mich insbesondere die Geschichte von Seth, Isis und Osiris sowie Horus sehr beeindruckt.

In der Gestalt des Seth wird *der* dargestellt, der alles zerteilt, zerstört, bis auf das Wesentliche reduziert. Trotz dieses Images wurde er in Ägypten sehr verehrt, denn die alten Ägypter wussten, dass dieser Teil zu unserem Leben gehört, damit Neues entstehen kann. Isis, die Gattin von Osiris, der von Seth getötet und dessen Leichenteile überall hin verstreut wurden, ist die mütterliche Bewahrerin, sie fügt wieder zusammen, so dass etwas Neues, der Gott Horus entstehen konnte, der die Vollkommenheit verkörpert und damit eine neue Qualität auf höherer Ebene.

In diesem Mythos wird für mich auch deutlich, wie dialektisch die alten Ägypter dachten. Die Erkenntnis der Dialektik und ihrer Grundgesetze gab es längst vor Hegel. Es gab sie längst, nur eben anders formuliert, in Mythen verankert oder in Versen des alten Salomon oder in Wissenschaft und Philosophie der alten Perser zu finden.

Das Verdienst Hegels in diesem Zusammenhang liegt m. E. darin, dass er diese in unserer Sprache, für uns verständlich formuliert hat.

Gemäß dem dialektischen Grundgesetz der Negation der Negation kann es wohl auch gar nicht anders sein: Das was es schon gab, wird negiert, um auf einer höheren Ebene neu erkannt und in höherer Qualität dem Leben wieder zugefügt zu werden – bis zur nächsten Negation.

An einem einfachen Beispiel möchte ich verdeutlichen, was das heißt.

So wurde der Elektromotor für den Antrieb eines Bootes schon 1837 entwickelt. Später hingegen entsprachen diese Elektromotoren nicht mehr den Ansprüchen der Menschen und sie wurden für den Antrieb von Fahrzeugen erst einmal negiert zugunsten der neu entwickelten Diesel- und Benzinmotoren. In unserer heutigen Zeit hingegen werden genau diese Motoren aus bestimmten Gründen wieder negiert und der gute alte Elektromotor wird weiterentwickelt, um wieder Fahrzeuge anzutreiben.

Das heißt Negation der Negation.

Man kann diese Gesetzmäßigkeit auch auf die gesellschaftliche Entwicklung anwenden.

Das dialektische Gesetz aller Entwicklung ist das Gesetz von der Einheit und vom Kampf der Gegensätze.

Zunächst fungieren die Gegensätze als Einheit, bis sich Widersprüche durch Veränderung der Bedingungen zuspitzen und der Kampf der Gegensätze zur Lösung der Widersprüche und damit zu einer neuen Qualität führt.

Gegensätze halten diese Welt zusammen und sind letztlich für alle Entwicklung verantwortlich.

Die Weiterentwicklung der menschlichen Gesellschaft kann man ebenfalls auf das Wirken dieses dialektischen Grundgesetzes zurückführen. Als Beispiel soll hier der Übergang von der Agrargesellschaft, die durch Leibeigenschaft und Großgrundbesitz gekennzeichnet war, zur bürgerlichen Gesellschaft genannt werden. Die Bedürfnisse der Bourgeoisie nach freien Arbeitskräften und einer politischen Führung, die ihren Interessen entsprach, führte zur Zuspitzung von Widersprüchen zwischen den Produktionsbedingungen und dem politischen Überbau, so dass diese nur noch durch eine bürgerliche Revolution zu lösen waren.

Für Entwicklung sind gegensätzliche Archetypen im Universum notwendig.

In der Auseinandersetzung mit ihnen erstarken wir und entwickeln uns. Was zunächst als „böse" oder „schlecht" erscheint, ist eine Voraussetzung, damit es „Gutes" und „Schönes" geben kann.

Gerade in den Mythen und Märchen werden wir mit diesen Gegensätzen und ihren Lösungen konfrontiert.

Leider wird es heute immer unmoderner, Kindern Mythen zu erzählen oder Märchen vorzulesen. Statt dessen werden sie mit Wissen unseres alltäglichen Lebens voll-gestopft, das *mehr* oder *weniger* notwendig ist für unser Leben.

Für unsere Seelengesundheit ist aber die Verbindung mit unseren archaischen Wurzeln, mit unserem geschichtlichen Gewordensein als Menschheit eminent wichtig. Und dabei helfen uns Märchen und Mythen.

Jung sagt zur Bedeutung der Archetypen: „Die Welt der Archetypen muss, ob er sie begreift oder nicht, dem Menschen bewusst bleiben, denn in ihr ist er noch Natur und mit seinen Wurzeln verbunden. ......
Bleiben diese Urbilder in irgend einer Form bewusst, so kann die Energie, welche diesen entspricht, dem Menschen zufließen." (21, S. 91)

Ich möchte auf einige wenige Archetypen eingehen, die für unser Selbstverständnis als individueller, aber auch als „All-Mensch" im Sinne des Kollektivgeistes, sehr wichtig sind und über die es teilweise leider nur wenig Literatur gibt.
Für die, die mehr über Archetypen wissen wollen, empfehle ich das Buch von Marie-Luise von Franz: Archetypische Dimensionen der Seele sowie das Buch „Archetypen" von C. G. Jung.
Dort beschreiben sie anhand von mythischen und Märchenfiguren allgemeinmenschliche Eigenschaften und das Wirken der Archetypen in unserer Seele.

Aus der Analyse vieler Märchen kommt v. Franz zu einer bedeutsamen Schlussfolgerung:
„...Wer sich den Dank und die Hilfe der Tiere erwirbt, siegt immer. Das ist die einzige Regel ohne Ausnahmen, die ich finden konnte! Die ist psychologisch sehr bedeutsam, denn es sagt aus, dass im Kampf des Guten mit dem Bösen das ausschlaggebende Moment der animalische Instinkt oder, vielleicht besser, die Tierseele ist; wer sie auf seiner Seite hat, siegt. Gutes, das instinktwidrig ist, kann nicht dauern, aber auch Böses, das in seiner einseitigen Dämonie instinktwidrig ist, kann nicht bestehen." (23, S. 124)

Anders ausgedrückt: Wer mit seinem tiefen Unbewussten verbunden ist, zum Beispiel über Instinkte und Intuition, aber auch über das Verständnis der Träume, weiß, welchen Weg er gehen muss, um das Leben zu meistern und innere Zufriedenheit zu finden.

Ein anderer lehrreicher Inhalt von Märchen erzählt von der Opferung des Tieres, aus dem ein Prinz oder ein Gott hervorgeht.

Von Franz schreibt, dass der *Sinn* des Instinktes ein latent geistiger Aspekt ist.

Einerseits soll der Mensch seinen unbewussten instinktiven Aspekten folgen, jedoch an einem bestimmten Punkt im Leben angekommen, fordert das Selbst seine Opferung. „Der Trieb fordert seine eigene Opferung; und darin, dass er das tut, offenbart sich eben sein geistiger Aspekt. Das Ichbewusstsein wird veranlasst, sein Liebstes selber aufzugeben, und es ist sein größeres inneres Wesen, das Selbst, das dies verlangt und das dadurch im Opfer offenbar wird." (23, S. 127)

In dem Augenblick, da wir einen bestimmten Trieb oder Instinkt ins Bewusstsein integrieren, ist unser Verhalten nicht mehr instinktiv. So wird der Instinkt geopfert.

„......, warum das hilfreiche Tier so absolut positiven Wert im Märchen besitzt: Es verkörpert etwas, was zwar zunächst als animalischer Instinkt im Menschen erscheint, hinter welchem sich aber eigentlich das Geheimnis der Individuation, das heißt der inneren Ganzwerdung, verbirgt. Wer ins Innere des eigenen Seelenzentrums, ..., eingehen kann, ist vor den Angriffen der finsteren Mächte geborgen." (23, S. 130)

In diesen Passagen kommt sehr gut zum Ausdruck, wie wichtig unser Verhältnis zu unseren eigenen Instinkten ist. Diese sind zwar unsere Ausgangsbasis und sehr hilfreich für unsere Heldenreise, werden aber mit unserer Entwicklung als Persönlichkeit geopfert, indem sie in das Bewusstsein integriert werden und nun bewusst eingesetzt werden können, d. h., sie setzen sich nicht mehr hinter unserem Rücken durch. Das führt zu einem Zuwachs an seelischer Kraft.

Wie kann man sich das vorstellen? Es ist sehr schwierig und wird unvollkommen bleiben, einen solchen Vorgang beispielhaft zu beschreiben. Dennoch möchte ich versuchen, es am Beispiel zu erklären.

In meinem Lehrerdasein hatte ich es nicht nur mit freundlichen Schülern zu tun. Es gab auch jene, die permanent versuchten zu provozieren.

Manchmal machte mich das wütend und ich reagierte mit scharfem Verstand, so dass sich der Schüler klein vorkommen musste und ganz leise wurde. Am Ende aber wurde die Wut des Schülers nur verstärkt. Bis hierhin entsprach mein Verhalten der Nutzung meiner Tierseele, die in der Lage war, mich gut zu verteidigen.

Jedoch belasteten mich derartige Situationen. Ich war nicht zufrieden mit mir und dachte über die Ursachen meiner Reaktion nach. Schließlich kam ich darauf, dass der Schlüssel mein Selbstwert war. Dadurch, dass der Schüler sich respektlos verhielt, fühlte ich mich in meinem Selbstwert verletzt.

Woraus ergibt sich Selbstwert? Aus allem Wissen, allen Fähigkeiten, allen Fertigkeiten und den Wertvorstellungen/ -anschauungen im Leben.

Ich schrieb also Listen mit all diesem auf, um mir klar darüber zu werden, worin mein Selbstwert bestand.

Es kam eine Menge zusammen und ich stellte mir die Frage: Kann irgend jemand von außen Dir irgend etwas von diesen Werten nehmen?

Die Antwort war ganz klar: Nein! Ich brauchte mir um meinen Selbstwert keine Sorgen zu machen.

Von da an änderte sich mein Verhalten. Ich konnte den Provokationen gelassen begegnen, sie verfehlten ihre Wirkung.

Das war allerdings keine leichte Übung. Ich musste beständig aufmerksam mein Inneres beobachten und immer dann, wenn sich Unmut zu regen begann, erinnerte ich mich an meinen Selbstwert und daran, dass die betreffenden Schüler diesen nicht schmälern konnten. Und etwa nach sechs Monaten war es dann geschafft: Ich hatte es verinnerlicht.

Ich hatte durch bewusstes Handeln meinen Trieb dem Selbst geopfert, was tatsächlich zu mehr Stärke führte. In diesem Sinne ist die Aussage von M.-L. v. Franz oben zu verstehen.

Die Archetypen Anima und Animus

Jeder von uns hat zwei grundsätzliche und gegensätzliche Teile in seiner Seele: Einen weiblichen und einen männlichen Teil. Diese beiden gegensätzlichen Anteile erzeugen in uns Spannung und Energie.
In der chinesischen Philosophie werden diese beiden Teile als Yin (weiblich) und Yang (männlich) im Zeichen „Tai Chi", dem Wechselspiel gegensätzlicher Kräfte bzw. Eigenschaften, symbolisiert:

Die weiße Seite repräsentiert das Männliche,
das einen weiblichen Teil enthält, das Dunkle ist das Weibliche, das einen männlichen Anteil hat.

Es ist nicht meine Absicht, in aller Ausführlichkeit auf Yin und Yang einzugehen. Nur soviel sei gesagt: Yin ist alles, was unten, innen, dunkel, feucht, passiv ist, auch die Intuition, das Unbewusste und die Kreativität gehören dazu. Yang hingegen ist hell, oben, außen, trocken, Bewegung und Denken, Logik sowie vieles mehr.
An dieser Stelle ist interessant, dass es auch den Gelehrten im alten China bekannt war, dass das Weibliche auch männliches und das Männliche auch weibliches enthält.

Im Körper gibt es einen Yin-Pol im Bauch und einen Yang-Pol im Kopf/Geist.

Wenn wir uns den Yin-Pol als Minuspol und den Yang-Pol als Pluspol vorstellen, wird schnell einleuchten, dass zwischen den beiden Polen Energie fließt, unsere Lebensenergie.

Im Buch vom Leben und vom Sterben beschreibt Sogyal Rinpoche den Sterbeprozess in der Weise, dass die rote Energie (Yin) von unten nach oben steigt, während die weiße Energie des Yang-Pols von oben nach unten fällt. Der Augenblick, in dem sich beide Energien berühren, ist der Zeitpunkt des Todes. Es kann keine Energie mehr fließen.

In der Jungschen Psychologie gibt es keine Zuweisung der männlichen und der weiblichen Seite der Seele zu einem bestimmten Platz im Körper. Wohl aber nimmt man es als Tatsache, dass der Mann einen weiblichen Anteil in seiner Seele hat, während die Frau einen männlichen Anteil besitzt.

Diese beiden Seelenbestandteile werden als Anima und Animus bezeichnet.

Die Anima verkörpert alle weiblichen Eigenschaften im Mann.

Als weibliche Eigenschaften werden, da sind sich viele Kulturen einig, charakterisiert Gefühle, Intuition, persönliche Liebesfähigkeit, Natursinn und nicht zuletzt die Beziehung zum Unbewussten.

In welcher Weise die Anima in Erscheinung tritt, hängt wesentlich von der weiblichen Bezugsperson des Mannes in der Kindheit und Jugend ab. In der Regel ist das die Mutter. Je nachdem, wie er sie erlebt, ist er entweder vorwiegend launisch, depressiv, reizbar, empfindlich, ewig unzufrieden und verneinend, oder sie bewirkt, dass der Mann die richtige Frau finden kann, Werte und Unwerte unterscheiden kann und ihm ermöglicht, in die eigene Tiefe zu gehen. In diesem Falle kann sie eine Führerin sein.

Im ersten Fall, in dem die Anima noch unentwickelt ist, wird der Mann sich Herausforderungen verweigern mit der Begründung, dass es sowieso nichts werden kann. Er hängt Illusionen nach und ist ein ewiger Jäger, weil er die Geborgenheit und Fürsorge der Mutter sucht, die ihm keine Frau geben kann.

Der Mann, der seine Mutter sehr fürsorglich erlebt hat, kann aber ebenfalls Probleme haben, in dem er, da er alles bekommt, verweiblicht. Wespenstichartige, weiblich-giftige Bemerkungen oder/und kalte, ruchlose Handlungen sind ein Beleg dafür.
Eine solche Anima verwickelt den Mann in intellektuelle Spielereien, die ihn von der Begegnung mit dem wirklichen Leben abhalten.

Die Anima spielt auch eine Rolle für die erotischen Phantasien eines Mannes, die leider bis zur Zwanghaftigkeit und Besessenheit führen kann.

Die hier dargestellte unentwickelte Anima kann sich entwickeln, wenn der Mann "........seine Gefühle, Launen, unbewussten Erwartungen und Phantasien ernst nimmt und in irgendeiner Form festhält, zum Beispiel durch Aufschreiben, Malen, Modellieren, in Musik oder Tanz. Wenn er dann geduldig über sie nachsinnt, steigen mehr und mehr Inhalte aus der Tiefe auf. Das Nachsinnen muss jedoch ein intellektuelles *und* moralisches sein, das heißt unter Beziehung des Gefühls geschehen, und die Phantasie muss als unbedingt wirklich genommen werden, ohne geheime Nebengedanken, es handle sich ja doch nur um eine Phantasie. Wenn man eine solche Hingabe an das Unbewusste lange übt, wird der Individuationsprozess allmählich zur einzigen Wirklichkeit schlechthin und entfaltet sich in all seinen Aspekten." (24, S. 185f)
Die Beschaffenheit der Anima ist für die Wahl einer Frau oder Partnerin von großer Bedeutung.

Jung beschreibt für die Entwicklung der Anima vier Stufen.
Die erste Stufe ist im Symbol der Eva verkörpert. Es ist ein Bild rein biologischer Bezogenheit.
Die zweite Stufe beschreibt Jung mit dem Bild der schönen Helena, die romantisch und ästhetisch, vermischt mit sexuellen Elementen, ist.
Als dritte Stufe nennt er personifiziert die Jungfrau Maria als vergeistigten/ spirituellen Eros.
Die vierte Stufe wird durch die Göttin Athene verkörpert.

Wer die griechischen Sagen kennt, weiß, dass Athene die Göttin der Weisheit ist, aber auch eine bestimmte Art von Liebe lebt und die Kampfkunst meisterlich beherrscht.

Eine solche Anima ist die beste Beraterin eines Mannes. (Vgl. 16, S. 185). Sie kann die Rolle der Mittlerin zwischen dem Ich und dem Kern des Selbst voll wahrnehmen.

Der Animus ist die männliche Verkörperung des Unbewussten in der Frau, wiederum mit positiven und negativen Zügen.

Diese Verkörperung hat nichts mit dem Aussehen einer Frau zu tun. Eine sehr weiblich aussehende Frau kann im Inneren einen sehr harten und machtgierigen Kern besitzen, kalt und eigensinnig sein.

Der Animus der Frau wird in der Regel durch den Vater geprägt. Wie sie ihn erlebt, wird sie auch später männliche Partner beurteilen und erleben.

Das können kalte, ruchlose Überlegungen und Verhaltensweisen sein, das Intrigen spinnen gehört dazu, anderen den Tod zu wünschen, die Kinder um jeden Preis festhalten zu wollen, Selbstunsicherheit und Gefühlslahmheit können Ausdruck dafür sein.

In einer Partnerschaft kann es öfter zu heftigen Auseinandersetzungen kommen, in denen sich die Frau um jeden Preis durchsetzen will.

Die wertvolle Seite eines entwickelten Animus sind männliche Eigenschaften, die wir als positiv bezeichnen, wie Initiative, Mut, gerichtete Aktivität, Objektivität, geistige Klarheit u. a. mehr.

Auch hier werden vier Entwicklungsstufen unterschieden:

Die erste Stufe bezieht sich auch hier vornehmlich auf die Physis, also Stärke und Kraft wie zum Beispiel bei einem Sporthelden.

In der zweiten Stufe sind Initiative und gerichtete Tatkraft entwickelt. In der dritten Stufe geht es um die Entwicklung und den Ausdruck des Geistigen. So gibt es Frauen, die sich auf dieser Stufe in einen Professor oder Arzt verlieben oder in andere geistige Größen.

Der Animus in der vierten Entwicklungsstufe gibt dem Leben der Frau Sinn. Nun kann sie schöpferisch Lebenserfahrung logisch aber auch spirituell verbinden. Ihr steht ein geistig schöpferisches Potential zur Verfügung. Der Mut zur Wahrheit ermöglicht es ihr, neuen Ideen und Wegen zu folgen. Das alles jedoch nur, wenn sie auch „heilige" Überzeugungen in Frage stellt.
In Mythen waren vor allem Frauen zukunftswissende Mittlerinnen zwischen der realen Welt und der Welt des Geistigen.

Wie wir sehen können, sind beide Archetypen für uns lebensnotwendig. Ohne sie wäre ein Verstehen oder eine Annäherung von Frau und Mann nicht möglich. So aber wären die Fortpflanzung und das Überleben der Menschheit gefährdet.

Wie klug alles in der Natur eingerichtet ist.
Die Natur oder besser gesagt, die Essenz unserer Seele, die keine andere als die Essenz des Universums ist, sorgt dafür, dass alles so sein und werden kann.

Wenden wir uns nun dem für uns wichtigsten Archetypus zu, dem Kern des Selbst.

Vorab möchte ich begrifflich etwas klären. Wie schon weiter oben gesagt, ist das Verständnis des Selbst bei Jung und seinen Schülern widersprüchlich.
In seinem Werk „Archetypen" bezeichnet er das Selbst als Ganzheit (S. 120), während im Buch „Die Symbole des Menschen" mit dem Selbst eher der Kern des Selbst gemeint ist.

Ich hingegen fasse das Selbst als Gesamtheit aus Ego, Bewusstsein und Unbewusstem auf. Deshalb nenne ich das **Innerste** unseres Selbst den **Kern** des Selbst.
Andere Philosophen, wie Tagore, nennen diesen Kern das höchste Selbst des Menschen.

Dieser Kern liegt im Bereich des Kollektiven Unbewussten. Er steuert nicht nur alle physischen Funktionen, sondern auch das Erscheinen der Archetypen, auch in ihrer zeitlichen Abfolge, und trifft aufgrund der Verarbeitung aller Erfahrungen und Emotionen Entscheidungen.

An dieser Stelle möchte ich einfügen, dass die archetypischen Strukturen in unserer Seele nicht jede für sich als abgeschlossene Einheit existieren, sondern durchaus miteinander verwoben sein können. So ist es möglich, dass zwei Archetypen und mehr gleichzeitig auftreten, manchmal sogar in widersprüchlicher Weise. Das spüren wir dann als inneren Widerspruch oder gegensätzliche Impulse.
Solch ein innerer Widerspruch ergibt sich für nicht wenige Frauen, wenn diese ihre Mutterrolle gern wahrnehmen und gleichzeitig aber auch Karriere machen möchten. Beides gehört zu ihrer Selbstverwirklichung. Beides ist für sie notwendig, um innerlich zufrieden zu sein, und dennoch ist es eine der schwierigsten Aufgaben, die es zu lösen gilt. Viele Frauen haben das erfolgreich geschafft.

Zumeist aber hebt sich ein Archetyp für uns deutlich hervor.
In dem Zeitraum zum Beispiel, in dem wir Eltern werden, treten andere archetypische Bedürfnisse für eine Zeit in den Hintergrund, damit wir uns erfolgreich dieser Rolle widmen können.
Je selbständiger unsere Kinder werden, umso mehr treten andere Archetypen auf den Plan. Es geht uns wieder mehr um andere Bereiche der Selbstverwirklichung, wobei für mich auch das Elternsein zur Selbstverwirklichung gehört.
Wir entdecken plötzlich das Malen für uns, haben ein großes Bedürfnis, Sport zu treiben, oder machen im Beruf Karriere. Es sind diese archetypischen Strukturen, die jetzt an der Reihe sind. Später werden wir weiser und lehren unsere Enkelkinder. Auch darin manifestiert sich ein Archetypus.
Die Abfolge des Erscheinens der Archetypen, auch die Zeiträume, in denen das geschieht, sind bei allen Menschen im Wesentlichen gleich. Ausnahmen bestätigen die Regel.
Dadurch wird unser Leben gesteuert.

Wir können natürlich versuchen, auch unbewusst, gegen diese inneren Impulse zu opponieren, aber wir werden dann aller Wahrscheinlichkeit nach in seelische Schwierigkeiten geraten.

Das wissen auch Jene, die, aus welchen Gründen auch immer, diesen Impulsen nicht folgen konnten.

Man könnte annehmen, dass dies alles in den Genen angelegt sei. Ich glaube das nicht, weil ich andere Erfahrungen gemacht habe. Ausschnittsweise möchte ich diese Erfahrungen an einem Beispiel darlegen.

Ich hatte das Glück, die Welt bereisen zu können, auch dadurch, dass ich unentgeltliche Entwicklungshilfe geleistet habe. Dadurch war es mir möglich, mit fremden Kulturen auf intensivere Weise zusammen zu leben und zu arbeiten, als das im Urlaub der Fall ist, in dem man ja doch nur auf der Durchreise ist.

So hatte ich auch in einem zentralafrikanischen Land zu tun, in dem ich etliche, mir sehr gut bekannte Charaktere traf. So erinnerte mich der Schulleiter an einen Verwandten, der nur auf sein eigenes Wohl bedacht war, persönlichen Nutzen aus der Schule zu ziehen, und den die Schule im Grunde nicht interessiert hatte. Eine Mitarbeiterin der Schule hätte eine Schülerin sein können, die wenig Zutrauen zu sich selbst hatte und eigentlich immer nur Schwierigkeiten sah und wenig Antrieb verspürte. Ein anderer Mitarbeiter der Schule versuchte, aus allem Geld zu schlagen, egal, ob er dafür auch moralische Grenzen überschreiten musste. Auch so jemanden kannte ich aus meiner Heimat sehr gut. All diese Menschen dort hatten aber nichts mit meiner Familie oder der Familie von Bekannten zu tun. Vererbung von Charakter oder Eigenschaften konnten da keine Rolle spielen.

Vielleicht haben Sie an Ihren Kindern auch schon mal Eigenschaften entdeckt, wo Sie sich gefragt haben: „Woher hat er/sie das nur? So etwas gibt es in unserer Familie doch gar nicht".

Ich denke, dass es die archetypischen Strukturen unserer allgemeinmenschlichen Seele sind, die dafür verantwortlich sind, dass es gleiche oder sehr ähnliche Charaktere auf der ganzen Welt gibt. Zumindest haben sie einen großen Anteil daran.

Solche Eigenschaften wie Gier, Machtstreben, Neid, Hass, Liebe und Mitmenschlichkeit sind archetypische Strukturen der menschlichen Seele, die durchaus den Charakter eines Menschen prägen können.

Überall da, wo Menschen leben, finden wir gleiche archetypische Strukturen.

Die Umwelt oder das Umfeld modifizieren diese Eigenschaften mehr oder weniger, so dass sie mehr oder weniger ausgeprägt sind. Auch kommt hier die gesellschaftliche Moral ins Spiel. Sie gestattet mehr oder weniger das Ausleben bestimmter Charaktertypen.

Dort, wo Korruption üblich ist, werden die oben dargestellten Charaktere gut leben können, während in anderen Gesellschaften diese Personen keine Chance hätten, in eine solche Position zu kommen.

Es sind meines Erachtens nicht in erster Linie die Gene, die unseren Charakter bestimmen. Gene können Fähigkeiten der nachfolgenden Generationen disponieren, ob und wie diese jedoch verwirklicht oder nicht verwirklicht werden, ist psychisch disponiert und hängt von der Umwelt ab.

Von unserer seelischen Energiemenge hängt ab, wie aktiv wir sein können. Diese Energien werden auch durch die Archetypen, die in unserer Person konstelliert sind, bestimmt. Die Art der Archetypen und damit auch ihre Energie können sehr verschieden sein.

Da gibt es die Kämpfer und Krieger, die sensiblen Künstler, die Schöpferischen, Mütter, die ihre Erfüllung darin sehen, Kinder groß zu ziehen, die ruhigen Verwalter, die Kommunikativen, die Denker. Das alles sind Anlagen, denen psychische Strukturen zugrunde liegen, die Archetypen. Diese wechseln im Verlaufe unseres Lebens.

Deshalb können wir im Verlaufe unseres Lebens unseren Charakter verändern. Wir sind nicht verdammt dazu, bis ans Ende unserer Tage die gleichen Energien zu leben.

Den jugendlichen Heißsporn kann das Leben weise und sehr viel ruhiger und überlegter machen. Der Denker kann durchaus zum Künstler werden, wenn er dem Schöpferischen in sich eine Chance gibt. Nicht beobachten konnte ich, dass der Visionär und der Verwalter einhergehen können. Zu verschieden sind diese Energiestrukturen wohl. Grundsätzlich aber haben wir viele Potentiale in uns. Ob wir sie leben, hängt unter anderem davon ab, in welche Situationen wir kommen und welche Helfer und Unterstützer wir haben oder welche wir uns suchen, welche Impulse uns der Kern des Selbst gibt.

Natürlich ist die Frage interessant, warum der Kern dieses und jenes in unserem Unbewussten zu bestimmten Zeiten veranlasst, das dann bis an die Oberfläche unseres Selbst dringt.

Dazu gibt es leider noch keine mir bekannte Forschung. Einleuchtend ist sicherlich, dass die zeitliche Reihenfolge des Wirksamwerdens bestimmter Archetypen mit dem Lebensablauf der Menschheit an sich zu tun hat.
So ist es notwendig, dass wir erwachsen werden, Eltern werden und Kinder groß ziehen, in einem Beruf unseren Lebensunterhalt verdienen und die jungen Leute lehren und führen. Dann werden wir alt, sterben und machen Platz für Neues.

In der Veränderung kann das Universum oder das Tao, wie ich die Essenz allen Seins nenne, ewig existieren – und nur in der Veränderung. Die permanente Veränderung ist ein Prinzip des Universums.

Wir Menschen sind sicher ein nicht unwesentlicher Faktor für Veränderung. Durch unser Tun in jedem Augenblick, ja sogar wie neuerdings bekannt, durch unser Denken, verändern wir das Tao oder genauer gesagt, die Welt der Verfertigung, ständig.
So ist die Frage danach, warum das Universum den bewussten Menschen hervorgebracht hat, nicht nur damit zu beantworten, dass es sich selbst erkennen kann, sondern auch damit, dass es uns für die

ständige Veränderung braucht, wodurch es „ewig" existieren kann. Die immer wieder neue Organisation erzeugt den Ewigkeitsaspekt.

Die Veränderungen, die durch tote Materie passieren, sind vorhersehbar und vollziehen sich nach physikalischen Gesetzen. So weiß man, dass eine Sonne die zur Supernova wird, im Moment der Explosion neue Teilchen hervorbringt, aus denen wiederum verdichtete Materie wird. Der Zerfall der Atome hat eine berechenbare Halbwertzeit. So ist es möglich, zu berechnen, welche Elemente durch Abstrahlung von Energie neu entstehen. Durch die Strahlung des Urans entstehen in vierzehn Generationen neue Elemente, von denen das letzte Blei ist, das bleibt, was es ist. So verändert sich beispielsweise Materie.

Aber ist das Tun des Menschen vorhersehbar? Ist die Vielfalt der Veränderungen, die durch den Menschen passieren, nicht viel größer, und vollziehen sich diese Veränderungen- auch im Sinne der Evolution- nicht viel schneller? Die Fortschritte in der Gentechnologie, die heute in der Lage ist, Organe zu züchten und Erbkrankheiten auszuschalten, zeigen uns, dass der Mensch in den Evolutionsprozess massiv eingreifen kann. Hoffen wir, dass sich das Bewusstsein der Menschheit ebenfalls so schnell entwickelt.

Der Mensch ist eine interessante Schöpfung.

Indem das Kollektive Unbewusste die Archetypen in vielfältigen Kombinationen hervorbringt, so, wie die Genetik in der Epigenetik die Gen-Kombinationen, ist die Vielfalt innerhalb der Menschheit möglich, und diese Vielfalt ist ein Reichtum für das Universum. Jeder Einzelne von uns trägt mit seinem „So-Sein" zu diesem Reichtum bei. Kein Wesen ist je unzulänglich oder nicht ausreichend. So wie der Mensch ist, ist er richtig und wichtig für das Tao. Seine Veränderung im Laufe seines Lebens bereichert die Vielfalt und trägt zum ewigen Universum bei. Unter „ewig" verstehe ich einen für unser Denken nicht vorstellbaren Zeitraum. Denn in Wahrheit ist nichts von Dauer, also auch nicht das Universum.

Damit ist aber noch nicht die Frage beantwortet, warum der Kern des Selbst unsere persönliche Entwicklung in eine bestimmte Richtung lenkt, indem er weitere Archetypen aktiviert.

Man könnte der Meinung sein, es sei Zufall. Aber mit dem Zufall halte ich es wie Einstein. Er vertrat die Auffassung, dass der Zufall unsere Unfähigkeit ist, die Gründe, die dahinter liegen, zu erkennen.

Auch Jung und seine SchülerInnen waren der Meinung, ..."die innerseelische Wirklichkeit in jedem Menschen hat letztlich eine geheime Zielstrebigkeit, das Selbst zu verwirklichen." (16, S. 202).

Tagore schreibt dazu „Wir haben auch eine besondere innere Fähigkeit, welche uns hilft, unsere Beziehungen zum höchsten Selbst des Menschen, zum All der Persönlichkeit, zu finden. Diese Fähigkeit ist unsere erleuchtete Einbildungskraft, die in ihrer höheren Form nur dem Menschen wesenseigen ist. Sie schenkt uns diese Schau der Ganzheit, die für die rein biologische Notwendigkeit des körperlichen Weiterlebens überflüssig ist. Sie soll in uns den Sinn für Vollkommenheit wecken, der ganz eigentlich unser Bewusstsein der Unsterblichkeit ist. Denn Vollkommenheit schlummert nur als Idee im ewigen Menschen. Sie wirkt im Einzelnen Liebe zu diesem Hochziel und treibt ihn an, es mehr und mehr zu verwirklichen. ....Der einzelne Mensch muss um des ewigen Menschentums willen leben und es in selbstlosen Werken ausdrücken, in Wissenschaft und Philosophie, in Dichtung und Künsten, in Dienst und Andacht. Das ist seine Religion ...." (19, S. 15).

An dieser Stelle möchte ich anfügen, dass Tagore diese Religion nicht als eine verstanden hat, die es mit einem kosmischen Gott zu tun hat, sondern „mit einem Gott menschlicher Persönlichkeit". (ebenda, S. 16)

Marie-Luise v. Franz meint im Zusammenhang mit den Symbolen des Selbst: "Die Pflanze stellt ein gesetzmäßiges Wachsen nach festgelegten Mustern dar und etwas, das sein Leben direkt aus der anorganischen Materie aufbaut. In ähnlicher Art erscheint auch das Selbst als etwas jenseits aller Impulse und Triebe objektiv in der menschlichen Seele Wachsendes, als das psychische Element in uns, welches Stetigkeit und reines Da-Sein bedeutet...." (16, S. 202)

Angesichts dessen, dass es zum Wesen der Evolution gehört, nach Vollendung zu streben, muss es nicht verwundern, dass es dieses Bestreben objektiv in der Menschheit und in jedem einzelnen Menschen gibt.

Diese Auffassungen großartiger Denker lassen mich vermuten, dass es genau wie im Kosmos, Gesetzmäßigkeiten für die seelische Entwicklung gibt. Dass das nicht von der Hand zu weisen ist, legt die Quantenphysik nahe, laut der alles mit allem in **einem** Feld verbunden ist, dem Quantenfeld.

Wenn das so ist, kann der Mensch sich weder mit seiner körperlichen noch mit seiner seelischen Entwicklung den Gesetzmäßigkeiten des Kosmos entziehen.

Ähnlich wie das Universum besitzt nach Meinung Jungs auch das Unbewusste eine nicht absteckbare Ausdehnung und Zeitlosigkeit.

Der Aspekt der Zeitlosigkeit ist mir in meiner therapeutischen Arbeit mehrmals in archetypischen Träumen begegnet.

Ich möchte an einem Beispiel verdeutlichen, wie sich das darstellen kann.

Nachfolgend der Traum einer Klientin, die schon längere Zeit mit Träumen arbeitet:

„Ich sehe eine Landschaft, wüsten- oder steppenähnlich, wie auf dem Sinai. Alles wirkt so alt. Sehe Menschen, eine solche Kleidung habe ich noch nie gesehen. Grau, wie aus einem groben Tuch um den Körper gewickelt. Der Laman. Eine Stimme sagt: Du musst zurückkehren nach Eritrea und dort Ordnung schaffen."

Jemand der mit Träumen ungeübt ist, würde jetzt wahrscheinlich sagen, dass das ein ziemlicher Unsinn sei.

Ich versichere Ihnen, kein Traum ist ohne Sinn. Im Kapitel III werde ich sehr viel mehr dazu sagen.

Befragt danach, ob ihr irgend etwas bekannt vorkäme in dem Traum, verneinte die Träumerin. Die Bezeichnung Laman kenne sie überhaupt nicht.

Ich riet ihr daraufhin zu recherchieren, ob es Informationen zum Begriff Laman gebe.

Und richtig. Sie fand heraus, dass Laman eine Person aus dem 5./6. Jhd. vor Christus war. Er stammte von den Israeliten ab und gründete einen eigenen Stamm, die Lamaniten, nachdem er gegen den Vater Leki und seinen Bruder revoltiert hatte, und er kämpfte gegen die Nephiten.

Es handelte sich ohne Zweifel um einen archaischen Inhalt des Kollektivgeistes, der in das individuelle Bewusstsein geschwemmt wurde. Warum und was es zu bedeuten hatte, soll hier nicht erläutert werden. Wichtig ist nur, dass dieser Inhalt nichts mit dem persönlichen Unbewussten der Träumerin zu tun haben konnte. Der Inhalt dieses Traumes reichte viele Leben weit zurück.

Es gibt aber noch einen zweiten Aspekt der Zeitlosigkeit dieses Seelenteils. Das Verständnis dessen wird im Kapitel „Physik und Seele" klarer.

Jung schreibt zum Zeitaspekt der Seele: "Ein anderes Zeugnis für die Relativität der Zeit in den tieferen Schichten des Unbewussten sind die seltsamen Durchbrüche in die Vergangenheit, ..." (25, S. 147). Und weiter: „Da es in der psychischen Welt keine durch den Raum bewegten Körper gibt, existiert auch keine Zeit. Die archetypische Welt ist ewig, d. h., außerhalb der Zeit, und ist überall, denn unter psychischen Bedingungen des kollektiven Unbewussten existiert kein Raum."

Die Träume und ihre Analyse zeigen weiter, dass in den tieferen Schichten des Unbewussten Vergangenheit, Gegenwart und Zukunft nebeneinander existieren. Das Unbewusste unterscheidet diese nicht, erst unser Bewusstsein versucht die zeitliche Einordnung.

So konnte ich feststellen – es sind fast 800 Träume aus 18 Jahren gesammelt- dass sich symbolische Darstellungen in Träumen Jahre später tatsächlich realisierten. Manchmal waren es nur 1,5 Jahre, manchmal aber auch 6 Jahre. Eine Entwicklung, die in diesen Träumen angedeutet wurde, vollzog sich dann tatsächlich in der Zukunft vom Zeitpunkt des Träumers aus gesehen. Der Kern des Selbst, der die Träume steuert, gab jedoch keinen Hinweis auf irgendeine Zukunft. Es konnte nur vom Träumer selbst durch das akribische Aufschreiben der Träume eine zeitliche Einordnung der Realisierung der Träume vorgenommen werden. Damit sage ich nicht, dass sich jeder Traum realisiert. Die meisten Träume enthalten Botschaften für die Gegenwart, die aber durchaus in Symbole der Vergangenheit gekleidet sein können.

M.-L. v. Franz entwickelte ein Modell von der Beziehung der Seele zur Zeit.
An der Oberfläche des Selbst sind das Ich oder Ego mit dem Bewusstsein zeitlich. Wir erleben die Ereignisse auf unserem Lebensweg nacheinander, in einer bestimmten Zeit und einem bestimmten Raum. Das etwas tiefer liegende persönliche Unbewusste trägt sowohl Zeitaspekte wie auch solche der Zeitlosigkeit. Die Zeitlichkeit ist bedingt durch persönliche Lebenserfahrungen, die dort gelagert sind. Die Tendenz der Zeitlosigkeit ist begründet durch Inhalte des menschlichen Allgeistes, die aus dem kollektiven Unbewussten „herüberschwappen" oder sich gezielt nach oben in Richtung Bewusstsein bewegen.
Im tief liegenden kollektiven Unbewussten überwiegt die Zeitlosigkeit der Archetypen. Allerdings gibt es auch noch zeitgebundene Aspekte. Denken wir nur an die zeitliche Reihenfolge des Erscheinens der Archetypen. Vielleicht handelt es sich dabei aber nur um eine gesetzmäßige Abfolge.

Der Kern des Selbst oder das höhere Selbst sind dagegen zeitlos und von unbegrenzter Ausdehnung wie auch das Tao selbst.
Diese Erkenntnisse lassen die Vermutung aufsteigen, dass der Kern des Selbst in mehr als drei Dimensionen wirkt.

Um diese Aussagen zu unterstreichen, erinnere ich an meine Ausführungen weiter oben, dass archetypische Strukturen in der gesamten Natur, so auch im gesamten Universum vorkommen, also nicht nur im Menschen. Denken wir beispielhaft an die Aggressions-/Zerstörungsenergie, an die Liebe, die alles zusammenhält bzw. neu entstehen lässt.
Auch bei Tieren sind archetypische Verhaltensweisen zu finden.

Es ist also anzunehmen, dass Archetypen bestimmte Energiestrukturen ein- und derselben Grundenergie des Kosmos darstellen.
Auch der Mensch ist nichts anderes als verdichtete Energie. Das versteht die Physik heute unter Materie.
Deshalb gelten Auffassungen der Physik, besonders zur Quantenphysik, auch für psychische Energien und Strukturen.

Der Kern des Selbst reguliert auch die Beziehungen der Archetypen untereinander und die menschlichen Beziehungen.
Wir Menschen sind in der Lage, unbewusst, instinktiv wahrzunehmen, was andere Menschen denken und fühlen. Darauf können wir reagieren. Fast jeder Mensch hat schon mal erlebt, auf einen anderen Menschen zu treffen, den er genau in dieser Zeit gebraucht hat, ob für Hilfe oder eine notwendige Auseinandersetzung, die anstand.
Manchmal ist es aber auch erforderlich, sich von anderen abzusondern, um zu sich selbst zu finden. Solche Menschen sind nicht per sé asozial und egoistisch. Sie brauchen einfach Raum und Ruhe für ihren Individuationsprozess.
Wenn Sie über Ihre Träume nachdenken – Träume entstehen im Unbewussten- werden Sie entdecken, dass sich viele Träume mit den Beziehungen zu den Menschen unserer Umgebung beschäftigen. Über Träume werden wir unbewusst auf Äußerungen unserer Umwelt abgestimmt, können Probleme instinktiv wahrnehmen, egal was das Bewusstsein dazu meint.
Der Kern des Selbst sorgt durchaus auch dafür, dass bestimmte Gruppenformationen hergestellt werden, um Gefühlsverbundenheit und

auch das Gefühl der Verpflichtung gegenüber anderen Gruppenmitgliedern zu installieren.
So kann die Funktion der moralischen Wertung nicht mehr ausgeschaltet werden, was für den Bestand der menschlichen Gemeinschaft wesentlich ist.

Der Kern des Selbst steuert, dass die Menschheit als solche existieren kann und mit ihr jeder einzelne Mensch.

Bevor ich zum Kapitel II – Physik und Seele – komme, möchte ich noch meine Meinung zum Thema Zahl und Synchronizität der Ereignisse darlegen.

M.-L.v. Franz ist der Auffassung, dass die Zahl der ursprünglichste Archetypus sei. Dieser Ansicht folge ich nicht.
Wenn wir uns an die Definition halten, dann muss sich ein Archetypus in Symbolen und Bildern zeigen, er muss allen Menschen gemein sein, d. h., er hat seinen Wohnort im Kollektiven Unbewussten, und er ist emotional geladen, er hat einen Gefühlston. Archetypische Energie ist eine psychische Energie, die sich immer ihrem Wesen nach als Qualität ausdrückt.
Zwei dieser Kriterien treffen nicht für die Zahl zu. Die Zahl manifestiert sich nicht in *verschiedenen* Bildern und ist nicht mit Gefühlen behaftet. Sie äußert sich nicht als psychische Energie.
Außer, wir weisen der Zahl bestimmte Inhalte zu, beispielsweise den Noten in der Schule, über die, wenn sie schlecht ausfallen, sich der Schüler in der Regel ärgert.
Das entspricht jedoch nicht der Charakteristik des Archetypus. Dem Archetypus sind seine Inhalte immanent, wir können sie ihm nicht zuweisen.

Ich denke, die Zahl ist ein Instrumentarium des erkennenden Geistes, des Bewusstseins, mit Hilfe derer das Universum erkennbar und beschreibbar ist. Als Instrument hilft es bei der Herstellung einer Ordnung oder zur Erfassung einer Regelmäßigkeit.

„........die Zahlen sind freie Schöpfungen des menschlichen Geistes, sie dienen als ein Mittel, um die Verschiedenheit der Dinge leichter und schärfer aufzufassen. Durch den rein logischen Aufbau der Zahlen-Wissenschaft und durch das in ihr gewonnene stetige Zahlen-Reich sind wir erst in den Stand gesetzt, unsere Vorstellungen von Raum und Zeit genau zu untersuchen, indem wir dieselben auf dieses in unserem Geiste geschaffene Zahlen-Reich beziehen." (26, S. 7–8).

Auch in der alten Lehre der Kabbalah heißt es: "...denn es gibt ja nichts Abstrakteres als diese Urzahlen, die die allgemeinen und essentiellen Formen der Dinge, der Kategorien des Weltalls repräsentieren." (38, S. 129).
Die Zahlen werden auch hier nur als ein Abbild, nicht als der Inhalt verstanden. Insofern können sie kein Archetypus sein, diesen aber möglicherweise abbilden.

Eine weitere Frage, die sich mir stellt, bezieht sich auf die Vielfalt eines Archetypus, beispielsweise dem Mutterarchetypus und seinem Vergleich mit der Zahl.
Der Mutterarchetypus kann sich manifestieren als persönliche Mutter, Großmutter, Stiefmutter, irgendeine Frau, zu der man in Beziehung steht, Kinderfrau, Ahnfrau, Göttin, wie Demeter und Kore, als Jungfrau Maria. Im weiteren Sinne können als Symbole dafür stehen die Erde, die Materie, die Unterwelt, der Mond, der Garten, die Höhle, die Quelle, das Taufbecken, die Kuh, der Hase. Alle diese Symbole können einen günstigen oder ungünstigen Sinn haben, wie das Hexenhafte, die Schlange, Lilith usw.
Das Wesen des Mutterarchetypus ist so vielfältig, dass man ihm wohl mit keiner Aufzählung gerecht werden kann. Seine Eigenschaften sind das Mütterliche, die Weisheit und geistige Höhe jenseits des Verstandes, das Gütige, Hegende und Pflegende, das Tragende, das Nahrungs-spendende, Fruchtbarkeit und Wachstum, Intuition und Instinkt, Verborgenes, der Abgrund, die Totenwelt, Verschlingendes, Verführendes und Vergiftendes und schlechthin die magische Autorität des Weiblichen. (Vgl. 21)

Ein solcher Archetypus wäre nicht durch eine Zahl oder Zahlenreihe zu erfassen und auszudrücken.

Vergessen wir bei der Betrachtung nicht die ungeheure Energie, die ein Archetypus freisetzen kann und durch die er Bewegung und Veränderung erzeugt.

Kann dies eine Zahl leisten? Die Zahl lässt immer nur eine begrenzte Vielfalt zu, das ist ein Aspekt ihres Wesens.

Meine möglicherweise beschränkte Erkenntnis, lässt deshalb nicht zu, die Zahl einem Archetypus gleichzusetzen.

Und noch eins spricht dagegen. In der Traumanalyse wird die Zahl mit der Zeit verbunden. Ein Archetypus ist jedoch zeitlos, lediglich seine Manifestation ist zeitabhängig.

Im chinesischen I Ging, dem berühmte Buch der Wandlungen, auf das auch von Jung und v. Franz im Zusammenhang mit der Zahl Bezug genommen wird, wird von Zeichen gesprochen, die eine bestimmte Qualität zu einer bestimmten Zeit haben und einen Prozess der Veränderung beschreiben. Diese Zeichen sind Bildersymbole, durch die sich das Unbewusste äußert. Es heißt dort, dass alles was im Sichtbaren geschieht, Auswirkung eines Bildes, einer Idee im Unsichtbaren ist. Die Ideen sind durch Intuition zugänglich. (Vgl. 15, S. 16).

Als Zeichen, im Gegensatz zu Zahlen, können sie einen umfassenden qualitativen Inhalt haben. Gleichwohl wäre es interessant, wenn wir in der westlichen Zivilisation die Zahlen nicht nur quantitativ verstehen würden, sondern untersuchten, ob diese möglicherweise eine qualitative Seite haben, die wir für die Erkenntnis des Unbewussten nutzen könnten.

Ein Archetypus vermag sogar ein synchronistisches Ereignis zu erzeugen. Es handelt sich dabei um Ereignisse, die sowohl im Inneren einer Person wie auch in den Bedingungen der äußeren Welt nahezu gleichzeitig geschehen, nach Meinung Jungs ohne Ursache, also akausal. Die Ereignisse sind dennoch miteinander verbunden und aufeinander bezogen und haben einen gemeinsamen Sinn.

Energie wird gewissermaßen zweimal verdichtet. Es geschieht etwas im Inneren, das im Außen, in der materiellen Welt, oder im Inneren einer anderen Person fast gleichzeitig eine Entsprechung oder Antwort findet.

Ist es Ihnen schon mal passiert, dass Sie über ein Problem schwer gegrübelt haben und dringend eine Lösung brauchten, auch durch jemanden, der Ihnen hilft? Und just kam die Hilfe im Außen. Diese Hilfe ist die Resonanz und Antwort auf Ihre intensive Emotion. Das ist ein synchronistisches Ereignis.
Dass so etwas möglich ist, zeigt uns die Quantenphysik.

II. Physik und Seele

ein etwas gibt es, aus dem chaos geworden
früher als himmel und erde entstanden
ein einsam-stilles, endlos-weites
in sich allein, unwandelbar
kreisend, nie sich erschöpfend
des alls urmutter könnte man es nennen
ich kenne seinen namen nicht
ich nenne es Dau (tao) ....

Lao-tse
(Tao-te-king)

II.1. Einführung in das Kapitel

Wie bin ich darauf gekommen, dass Physik etwas mit Seele zu tun haben könnte?

Ich hatte mich mit fernöstlichen Philosophien beschäftigt, als ich auf ein Buch des bekannten Physikers und Philosophen Fritjof Capra „Das Tao der Physik" zur Konvergenz von westlicher Wissenschaft und östlicher Philosophie aufmerksam wurde.
Dieses Buch half mir als Nichtphysikerin, etwas von der Physik, besonders der Quantenphysik, zu verstehen, oder doch wenigstens eine Ahnung davon zu bekommen, und es begeisterte mich, weil ich so viele Parallelen fand zwischen dem, was in der Quantenwelt und dem, was in der Seele passiert.
Hinzu kam, dass ich sehr viel anfangen konnte mit dem, was Capra zu östlichen Philosphien und deren Kompatibilität zu den Erkenntnissen der modernen Physik schreibt.

Ich spüre in meinem tiefsten Inneren, dass es Übereinstimmungen zwischen der Physik und der Seelenwissenschaft gibt, obwohl mein Verständnis der Quantenphysik nicht sehr detailliert ist und meine Kompetenz keinesfalls ausreichend ist. Dennoch erkenne ich Ähnlichkeiten.
Über diese Ähnlichkeiten möchte ich im zweiten Kapitel schreiben.

Am Beginn ist es notwendig, Begriffe aus der Physik zu definieren, da ich nicht davon ausgehe, dass alle Leser diese kennen und ich Missverständnisse so gut wie möglich zu vermeiden suche.
Auch ist es so, dass es nicht *die* quantenphysikalische Theorie gibt, sondern einige Alternativtheorien, zwischen denen man sich entscheiden kann.

Es ist nicht meine Absicht, die Begriffe und Theorien hoch wissenschaftlich zu erklären, sondern es gelingt mir hoffentlich, das

Notwendige so exakt wie nötig im Rahmen der Vereinfachung und vor allem verständlich darzulegen.

Und so bitte ich den Leser, die Geduld aufzubringen, sich mit den Begriffen und Auffassungen vertraut zu machen.

II.2. Begriffe der Quantenphysik

Wenn wir von Quantenphysik sprechen liegt es nahe, zunächst einmal zu fragen, was ein **Quantum** ist.

Quantum heißt an sich nichts weiter als Menge. In unserer Sache handelt es sich um eine bestimmte Menge Energie, gewissermaßen um ein Energiepaket. **Subatomare Teilchen** sind solche Energiepakete, womit wir schon beim nächsten Begriff wären.

Einige Zeit glaubten Physiker, dass **Atome,** die kleinsten Bausteine im Universum seien.

Die Annahme, dass es Teilchen gibt, die nicht weiter teilbar sind, existierte bereits in der Antike, weshalb diese Teilchen Atome genannt wurden, die Unteilbaren. Atome reagieren mit anderen Atomen und bilden **Moleküle**, aus denen alle Materie besteht.

Inzwischen weiß die moderne Physik, dass Atome sehr wohl teilbar sind und dabei noch kleinere Teilchen entstehen, die subatomaren Teilchen, wie zum Beispiel Elektronen, Neutronen, Protonen. Die noch kleineren Teilchen nennt man **Quarks,** aus denen Neutronen und Protonen bestehen.

Wahrscheinlich gibt es keine kleinsten Teilchen. Aus subatomaren Teilchen, wenn sie auf andere Teilchen treffen, entstehen immer wieder neue Teilchen.

Zu vielen Elementarteilchen gibt es solche mit entgegengesetzter Ladung, die **Antiteilchen,** wie zum Beispiel Positronen als Gegenstück zu den Elektronen und die Antiprotonen.

Beim Zusammentreffen von Teilchen und Antiteilchen wandelt sich die Masse komplett in elektromagnetische Strahlung um. Die Teilchen als solche werden ausgelöscht.

Dann gibt es da noch die Lichtquanten, die auch **Photonen** genannt werden, die keine Masse haben. Unser Licht entsteht, in dem Lichtquanten ausgesendet werden.

Subatomare Teilchen sind instabil. Sie zerfallen nach einer bestimmten Zeit in andere Teilchen, die dann auch zu verschiedenen Kombinationen anderer Teilchen zerfallen. Es kann bislang nicht vorausgesagt werden, welche Kombinationen das sein werden, lediglich eine Wahrscheinlichkeit ist berechenbar.
Eine wichtige These sagt, dass die Wahrscheinlichkeit eine Grundeigenschaft atomarer Realität ist.

II.3. Das Universum als kompliziertes Gewebe von Verknüpfungen-
 Verknüpfungen von Menschen in diesem Gewebe über das kollektive Unbewusste

Quantenphysiker wie auch östliche Mystiker erklären, dass ein einziges Teilchen überhaupt keine Bedeutung hat.
„Dinge leiten ihre Natur und ihr Sein von gegenseitiger Abhängigkeit her und sind nichts in sich selbst." (27, S. 139)

Die Atomphysiker H. P. Stapp und W. Heisenberg vertreten die Auffassung, dass Elementarteilchen keine unabhängig existierenden, analysierbare Einheiten sind, sondern dass sich ihre Eigenschaften aus den Zusammenhängen mit anderen Teilchen ergeben.

Isolierte Materieteilchen sind Abstraktionen. Ihre Eigenschaften sind nur durch das Zusammenwirken mit anderen Systemen definierbar und wahrnehmbar.

Auf die menschliche Gesellschaft übertragen heißt dies, dass auch ein Mensch nicht unabhängig von anderen existiert und seine Eigenschaften bzw. Fähigkeiten entwickelt. Und genauso trifft das für die seelische Entwicklung zu. Weiter gedacht bedeutet es auch, dass jeder Mensch mit allen und allem zusammenhängt und in Kontakt ist.

Der Physiker Kitcher meint, dass jedes Objekt im Universum ständig in Wechselwirkungen verstrickt ist.
Alle Wechselwirkungen bringen die Erzeugung und Vernichtung von Teilchen mit sich.
Paare von Elektronen und Positronen können spontan aus Photonen erzeugt werden und umgekehrt wieder zu einem Photon werden.

So ist das Universum keine Ansammlung physikalischer Objekte, sondern ein kompliziertes Gewebe von verschiedenen Teilchen eines vereinigten Ganzen.

Nach Heisenberg ist alles in der Natur ist auf subtile Weise verbunden.
Es ist eine Einheit, ein gemeinsames Ganzes.
Die Welt erscheint in dieser Weise als ein kompliziertes Gewebe von Vorgängen, in dem sehr verschiedenartige Verknüpfungen sich abwechseln, sich überschneiden und zusammenwirken und in dieser Weise schließlich die Struktur des ganzen Gewebes bestimmen. (Vgl. 27, S. 140)

Im Buddhismus gilt die Welt als Netzwerk von gegenseitigen Beziehungen, in denen alle Dinge und Ereignisse auf unendlich komplizierte Weise miteinander verwoben sind.
Für Buddhisten sind innere und äußere Welt nur zwei Seiten ein und desselben Gewebes von endlosen, sich gegenseitig beeinflussenden Zusammenhängen.

In der Tat ist alles aus der selben Uressenz entstanden.

Die Parallele zur menschlichen Gesellschaft ist sehr deutlich. Auch in ihr kann der Mensch als *menschliches* Wesen nur im Zusammenhang mit anderen Menschen existieren. Seine Eigenschaften werden ebenfalls von seinen Beziehungen zum Umfeld wesentlich bestimmt.

Die Verknüpfungen von Beziehungen ergeben Strukturen in der Gesellschaft, die letztlich die Qualität einer solchen Gesellschaft bestimmen.

In der Psychotherapie betrachten Therapeuten den Klienten immer auch in seinen Beziehungen zu anderen Menschen, um Eigenschaften und Verhaltensweisen zu verstehen.

Jeder Mensch sollte sich über seine innere und äußere Welt klar werden und die Frage beantworten können, ob diese beiden im Einklang stehen, wobei Einklang nicht die Dualität unserer Welt, also Gegensätze verneint. In der eigenen inneren und äußeren Welt müssen jedoch die Bedingungen für die Lösung von Widersprüchen, denen wir im Leben begegnen, vorhanden sein.

Ist dies nicht der Fall, ist ein Widerspruch zwischen diesen beiden Welten oft der Auslöser für Krankheiten und im Extremfall ein vertanes Leben.

Das soll an einem Beispiel verdeutlichet werden: Wenn eine Person von ihren inneren Bedingungen her eher ein schöpferischer oder künstlerischer Mensch ist und sie soll in der äußeren Welt im Berufsleben als Buchhalter arbeiten, so wird sie unglücklich und am Ende womöglich krank werden. Da dieser Beruf Genauigkeit und Handeln im Rahmen der gesetzlichen Regelungen verlangt, ist kaum Spielraum für *eigene* schöpferische Ideen und deren Umsetzung gegeben. Dieses Problem kann sogar mancher Ingenieur haben, da viele technische Fragen im Rahmen von Normen geregelt sind. Hat er eine eigene Idee, die zu einer Verbesserung einer technischen Lösung führen könnte, kann es ihm durch eine Norm verwehrt sein, diese umzusetzen. Das führt mich zu der philosophischen Frage, inwieweit es an der Zeit ist, die Strukturen der menschlichen Gesellschaft in eine andere Qualität zu überführen, um das schöpferische Potential der Menschheit besser nutzen zu können. Wenn wir genau hinsehen, so gibt es erste Anzeichen dafür, dass sich zumindest auf nationalen Ebenen Prozesse vollziehen, die in diese Richtung wirken. Junge Menschen haben von ihrem Berufsleben andere Vorstellungen, in denen Flexibilität bezogen auf die Zeit, die Orte der Arbeit und auch die Inhalte eine viel größere Rolle spielen. Ein recht bekanntes Beispiel dafür sind die so genannten digitalen Nomaden.

Es bilden sich neue Beziehungsgeflechte heraus, auch durch die modernen technischen und technologischen Möglichkeiten, die eine andere Art und Weise des Zusammenwirkens ermöglichen und herausfordern.

Achten wir nur darauf, dass diese Entwicklungen mit den Gesetzen des Tao übereinstimmen, denn die menschliche Gesellschaft existiert nicht losgelöst von diesen. Andernfalls wird es schmerzliche Korrekturen geben, denn wie wir aus den Natur- und Gesellschaftswissenschaften wissen, setzen sich diese Gesetze immer durch, notfalls hinter unserem Rücken, wenn wir nicht bereit sind, die Prozesse bewusst zu steuern. Ich denke dabei an bestimmte soziale Komponenten, wie persönliche Begegnungen in Gruppen, die für uns Menschen von grundlegender Bedeutung sind, die aber durch die modernen Medien verloren zu gehen drohen. So vollzieht sich Kommunikation zu über 80 Prozent nonverbal. Wenn Menschen sich jedoch nicht mehr sehen oder hören, wie soll eine wahrhafte Wahrnehmung dann stattfinden?

Aber auch das Wirken von archetypischen Dimensionen innerhalb einer bestimmten Zeit in der Gesellschaft, die wir vor allem durch Gruppengeschehen wahrnehmen, sind für unsere Entwicklung bedeutsam.

Wenn uns wichtige Impulse vor lauter Digitalisierung und Entfremdung entgehen, führt das am Ende zu Krankheit oder aber auf die Gesellschaft bezogen, zu Exzessen.

So wie die physikalischen Teilchen alle in einem Zusammenhang stehen, so sind auch wir Menschen als Teil dieses Kosmos miteinander verbunden und hängen voneinander ab. Als einzelner Mensch haben wir genauso wenig Bedeutung wie die einzelnen Teilchen, wohl aber kann ein einzelner Mensch innerhalb der Gemeinschaft eine große Bedeutung haben.

Das trifft auch für das Bewusstsein zu. Bewusstsein entsteht durch das Zusammenspiel aller Nervenzellen. Eine einzelne Nervenzelle kann kein Bewusstsein bewirken.

In der Gegenwart ist beobachtbar, dass sich immer mehr Menschen, auch über auch über Ländergrenzen hinweg, zusammenfinden in Netzwerken, um Mitgefühl zu leben, sehr bereitwillig und schnell Hilfe zu leisten, wo es nötig ist.
Es ist der Archetypus der Liebe, der allgemeinmenschlichen Liebe, der sich in der sozialen Seele manifestiert.
Vielleicht werden wir so in die Lage versetzt, unserer Vernichtung durch uns selbst zu entgehen.

So wie Capra bin ich der Meinung, dass die Menschheit nur überleben kann, wenn sie ihre wissenschaftliche Erfahrung mit der spirituellen Dimension ihres Daseins verbindet.

„...Ich glaube, dass die Weltanschauung, die aus der modernen Physik hervorgeht, mit unserer gegenwärtigen Gesellschaft unvereinbar ist, weil sie den harmonischen Zusammenhängen, die wir in der Natur beobachten, nicht Rechnung trägt. Um einen solchen Zustand des dynamischen Gleichgewichts zu erreichen, bedarf es einer völlig anderen sozialen und ökonomischen Struktur: einer kulturellen Revolution im wahren Sinne des Wortes. Das Überleben unserer ganzen Zivilisation kann davon abhängen, ob wir zu einer solchen Wandlung fähig sind." (27, S. 307)
In dieser kulturellen Revolution geht es um die fruchtbare Verbindung zwischen Naturwissenschaft und der weiblichen Seite, speziell den unbewussten Aspekten unseres universalen Seins oder auch den „Yin-Aspekten".

Um die Rolle der unbewussten Aspekte besser zu verstehen, tauchen wir weiter in die Physik ein, genauer gesagt in die Quantenphysik.

Oben hatten wir festgehalten, dass Teilchen als Beziehungsgeflecht interessant und beschreibbar sind.
Subatomare Teilchen können wir jedoch mit unserem dreidimensionalen Bewusstsein in der uns umgebenen Welt nicht wahrnehmen. Was wir wahrnehmen sind Dinge aus festen, flüssigen oder gasförmigen Stoffen bzw. Substanzen. Diese bestehen aus **Materie,** deren Bestandteile Elementarteilchen mit Spin (Dreh-impuls, der links oder rechts herum ablaufen kann) sind, sowie alle daraus aufgebauten Objekte, wie Atome, Moleküle bis hin zu Sternen und Galaxien.
In der klassischen Physik hatte man Materie beschränkt auf alles, was Masse hatte und Raum einnahm. Dieses Verständnis von Materie wurde in der Quantenphysik erweitert und eine wesentliche These formuliert, in der Materie nichts anderes als verdichtete Energie, eine Form von Energie ist.
Auch in der fernöstlichen Mystik ist das Qi Energie, die sich zu fester Materie verdichten kann.
So Chang Tsai: Wenn sich das Qi verdichtet, wird seine Sichtbarkeit augenscheinlich, so dass es dann die Formen (der individuellen Dinge) gibt. (27, S. 212) Und weiter: Die große Leere kann nur aus Qi bestehen; dieses Qi muss sich verdichten, um alle Dinge zu bilden; und diese Dinge müssen sich wieder auflösen, um die große Leere zu bilden (ebenda).

Mit der Kernaussage der Quantentheorie zur Materie als verdichteter Energie verschwimmt die Abgrenzung zwischen Materie und Energiefeld. Wie wir noch sehen werden, ist ein Quantenteilchen ein Feld und kann somit gleichzeitig auch Welle sein und umgekehrt. Sie, die Teilchen, können verschiedene Zustände gleichzeitig annehmen. Diesen Zustand bezeichnet man in der Quantenphysik als **Superposition.**
Anscheinend reisen individuelle Teilchen nicht auf Wegen durch die Raum-Zeit, sondern als Wellen, die sich verbreiten und an vielen Orten gleichzeitig sein können. (28)
Denken Sie bitte daran, wie sich Wellen verbreiten, nämlich kreisförmig.

Wenn also Welle gleichzeitig Teilchen sein kann, müssen logischerweise die Teilchen ebenfalls, wie die Welle, an verschiedenen Orten gleichzeitig sein können.
Diese Auffassung ist für das Verständnis der Funktionsweise des Unbewussten von großer Bedeutung.

Physikalische Felder – das Unbewusste als Feld

Ich denke, dass das Unbewusste ein Feld psychischer Energie ist und sich als Welle verhalten und damit überall gleichzeitig sein kann.

Das ist von so weitreichender Bedeutung, dass ihre Erläuterung allein an dieser Stelle den Leser und auch die Autorin überfordern würde. Deshalb komme ich in der Folge immer wieder auf diese Aussage zurück.
An dieser Stelle möchte ich nur die Verbindung zum kollektiven Unbewussten, das im ersten Kapitel beschrieben wurde, herstellen.
Wir erinnern uns, dass es sich beim kollektiven Unbewussten mit seinen Archetypen um Strukturen (psychischer) Energien handelt, die allen Menschen gemein sind und die in einer bestimmten zeitlichen Abfolge aktiv werden.
Diese Erkenntnis C. G. Jungs wäre durch die o. g. Folgerung plausibel und nachvollziehbar.
Alle Menschen hätten einerseits eine Verbindung zu allen Archetypen und andererseits eine unbewusste Verbindung zu allen Menschen, und nicht nur zu allen Menschen, sondern zum Kosmos an sich über das gemeinsame Energiefeld.

Als Feld wird die räumliche Verteilung einer physikalischen Größe bezeichnet. Dabei kann es sich um ein Teilchen oder ein anderes physikalisches Objekt handeln. Manchmal sind Felder selbst physikalisches Objekt, so die Physik.
Wie Objekte besitzen Felder Energie, Impuls und auch Drehimpuls. Sie können diese Größen von Körpern aufnehmen und auf andere Körper übertragen.

Als Beispiele für Felder seien Magnetfelder, elektrische Felder und Gravitationsfelder genannt.

Im Gravitationsfeld spürt ein Körper X die Anwesenheit des Körpers Y durch die Gravitationswechselwirkung. Das Feld ist allgemein also auch Träger von Wechselwirkungen.

Das wiederum bedeutet für das seelische Dasein, dass wir ständig unbewusst mit allen und allem kommunizieren, austauschen, eben wechselwirken. Und wir können auch die Nähe anderer wahrnehmen, wenn wir eine Beziehung zu unseren Instinkten haben. Nichts davon muss in unser Bewusstsein dringen, wenn es nicht relevant für uns ist.

Jeder von uns hatte schon mal das Gefühl, es stehe jemand hinter uns. Wenn wir uns dann umgedreht haben, war da tatsächlich jemand.
Oder aber wir spüren unbewusst, dass etwas nicht in Ordnung ist, dass es jemandem aus der Familie beispielsweise schlecht geht. Wenn wir dem nachgehen, stellt sich oft heraus, dass es wirklich einen Grund für unser Gefühl gab.

Der Aspekt der Wechselwirkung ist wichtig für einige Experimente, die von mir an späterer Stelle beschrieben werden.

Die Quantenfeldtheorie (QFT) ist eine Weiterentwicklung der Quantenmechanik (QM).

In der Quantenfeldtheorie ist das Feld der fundamentale Begriff, aus dem alle Eigenschaften der Materie und Kräfte entwickelt werden. Ein Feld wird hier als Anzahl von Feldquanten beschrieben. Die einzelnen Feldquanten sind die fundamentalen Elementarteilchen. Zwischen verschiedenen Feldern gibt es s. g. Austauschteilchen, ebenfalls Feldquanten, die die Kräfte und damit die Wechselwirkung zwischen den Feldern bewirken. Auf diese Austauschteilchen komme ich später noch zurück.

„Das Feld existiert immer und überall, es lässt sich durch nichts entfernen, es ist der Träger allen materiellen Geschehens. ....Bestehen und Vergehen von Teilchen sind nur Bewegungsformen des Feldes." (27, S. 220)

Das Ganze ist gut vergleichbar mit dem Tao der chinesischen Philosophie, in dem es keine feste Materie gibt, sondern nur Erscheinungsformen von Energie, also verdichteter Energie.

Berücksichtigt man die Auffassung der Physik von Feldern, so kann das Unbewusste mit seiner Energie als Feld bezeichnet werden. Als Träger materiellen Geschehens wird auch verständlich, dass sich archetypische Strukturen im Feld manifestieren und materialisieren können. Bereits Jung hatte diese Ansicht, die er vor allem in seiner Theorie der Synchronizität der Ereignisse ausdrückte, wie oben schon erklärt.
 Erst mit den Erkenntnissen der modernen Physik werden seine Gedanken plausibel.
Beispielhaft für diese Materialisierung von psychischen Energien sei angeführt, dass eine Anhäufung aggressiver Impulse in einer Gesellschaft zu einem Bürgerkrieg führen kann. Umgekehrt können Mitgefühl und Achtsamkeit zu neuen Formen des menschlichen Miteinanders führen.
Wir sind also durchaus in der Lage, durch unsere psychische Energie unser Sein zu beeinflussen, weil wir miteinander in Beziehung stehen.

Wie schon im Kapitel 1 dargelegt, wurden Experimente durchgeführt mit großen Menschenmengen, die eine bestimmte Zeit lang die gleichen Gedanken dachten und damit einen messbaren Einfluss auf die Wirklichkeit ausübten.
Es musste folglich eine wechselwirkende Kraft zwischen dem psychischen Feld und dem Feld, auf das sich die Gedanken beziehen, gegeben haben.
Sie haben bestimmt schon mal erlebt, dass Sie mit einer Person in einem Raum sind, vielleicht im Gespräch und plötzlich sprechen Sie

beide die gleichen Gedanken aus. Sprichwörtlich zwei Seelen – ein Gedanke. Oder Sie geben jemandem eine Antwort noch bevor er die Frage gestellt hat. Unsere Kommunikation läuft zu über 80 % nonverbal, eben *ohne* Worte ab. Mimik, Körperhaltung, Tonlage der Stimme und vieles mehr werden vom Unbewussten gesteuert als Reaktion auf eine bestimmte Situation, mit der wir in Beziehung stehen.

Das kann nur möglich sein, wenn wir uns in einem gemeinsamen Feld befinden, in dem unsere „Unbewussten" wechselwirken und so Informationen austauschen.

Ein Feld wird durch die einzelnen Systeme, die Teilchen sein können, charakterisiert. Das heißt, die einzelnen Systeme sind zwar eine Entität, aber mit allen anderen Systemen verbunden.

So auch unsere Seelen. Die Art der Beziehung wird in erster Linie durch die Archetypen des kollektiven Unbewussten bestimmt. Beispielhaft seien hier die Beziehungen zwischen Eltern und Kindern angeführt, die in der Regel anders sind als die zu Freunden.

Diese Verbindung untereinander erklärt, warum wir in der Lage sind, mit anderen Menschen mitzufühlen, zu wissen, wie es nahe stehenden Personen geht. Wenn eine Gefahr droht, spüren wir diese schon, noch bevor das Bewusstsein sie wahrnimmt. Wir nehmen vielmehr Informationen auf, als wir bewusst verarbeiten können. Diese verbleiben im Feld des Unbewussten. Das Unbewusste entmachtet manchmal für Bruchteile eines Augenblicks das Bewusstsein, um uns mit den notwendigen Informationen zu versorgen, die uns in die Lage versetzen, auf bestimmte Situationen adäquat reagieren zu können, was lebensrettend sein kann. Dazu gibt es hinlänglich bekannte Beispiele, wie der Löwe, der, wenn er plötzlich nahe genug auftaucht, einen Fluchtimpuls auslöst oder denken Sie an gefährliche Situationen im Straßenverkehr, in denen Sie intuitiv richtig reagieren. Würden Sie da erst Ihr Bewusstsein bemühen, wäre alles zu spät.

Die ausgelösten Reflexe sind vom Unbewussten gesteuert.

II.4. Das All-Selbst als logische Konsequenz des kollektiven Unbewussten

Die Gedanken, dass unser Unbewusstes über die Archetypen die Beziehungen zwischen Menschen regelt und der Kern des Unbewussten wie auch die Archetypen sich im kollektiven Unbewussten befinden, also außerhalb des persönlichen Unbewussten, über dieses hinausgehend (gemäß dem Modell im Kapitel I), konsequent zu Ende gedacht, wirft die Frage auf, ob es überhaupt ein persönliches Selbst gibt. Eigentlich kann es nur ein „All-Selbst" geben, denn der Kern des Selbst liegt ja außerhalb des persönlichen Unbewussten. Jener Kern gibt uns als Tao Impulse, einen bestimmten Weg zurückzulegen. Und das gar nicht auf mystische Weise, denn im Universum geht es immer um den Ausgleich von Energien und diesem Zweck muss folglich auch unsere Existenz dienen. Das mag sich für manchen Leser furchtbar und unpersönlich anhören, aber bedenken Sie, das Tao ist unpersönlich und im Tod verlieren wir wieder unsere Persönlichkeit, so wie wir vor unserer Zeugung noch keine Persönlichkeit hatten.

Unsere Person (im Sinne des Ego) hat vor unserer Zeugung keine Vergangenheit und nach unserem Tod keine Zukunft. Wohingegen das kollektive Unbewusste, in das unsere Erfahrungen eingehen, weiter existiert Dieser Teil unserer Seele ist somit unsterblich, jedenfalls, solange Lebewesen existieren.

Die östlichen Mystiker meinen, dass dies sogar außerhalb der Raum-Zeit geschieht, da die Raum-Zeit in anderen Dimensionen nicht existiert. Damit ist indirekt die Möglichkeit postuliert, dass das Unbewusste in mehr als vier Dimensionen existiert.

Die Erkenntnis des All-Selbst bedeutet auch, dass die Menschengemeinschaft von vornherein verbunden ist und ein natürliches Interesse daran hat, die Gemeinschaft zu erhalten. Jeder Einzelne braucht die menschliche Gesellschaft, um Mensch zu sein und überhaupt erst zu werden. Zur grundlegenden Natur des Menschen kann es daher nicht gehören, Kriege gegen diese Menschengemeinschaft zu führen, um diese zu vernichten.

Dies alles gilt auch für unsere Umwelt, belebte und unbelebte Natur, denn die Physik erklärt uns auf, dass alles miteinander verwoben ist und nur im Zusammenhang existieren kann.
Das einzelne Teilchen ist ohne Bedeutung.

II.5. Raum-Zeit und die Dynamik des Universums

Auch Physiker, nicht nur die östlichen Philosophien, sagen von der Raum-Zeit, in der wir existieren, dass es in ihr keine Vergangenheit und Zukunft gibt, nur die Gegenwart.
Unter der Raum-Zeit wird ein Kontinuum verstanden, das aus dem dreidimensionalen Raum, wie wir ihn kennen und einer vierten Dimension, der Zeit, gebildet wird. Die Raum-Zeit hat also vier Dimensionen. Raum und Zeit sind miteinander verwoben und können nicht getrennt werden. In dem Augenblick, in dem Raum entsteht, wird auch Zeit geboren.
In dieser Raum-Zeit sind alle Ereignisse schon vorhanden.
Louis de Broglies sagt dazu: In der Raum-Zeit ist alles, was für uns Vergangenheit, Gegenwart und Zukunft darstellt, en bloc gegeben.
Jeder Beobachter entdeckt beim Verstreichen seiner Zeit immer neue Schnitten der Raum-Zeit, welche ihm als aufeinander folgend in der materiellen Welt erscheinen, obwohl in Wirklichkeit die Gesamtheit der

Ereignisse, die die Raum-Zeit darstellt, existiert, bevor er davon weiß. (Vgl. 27, S. 187)

Die Wege der Teilchen durch die Zeit können wir als vierdimensionale Strukturen durch die Zeit auffassen, die ein Netzwerk zusammenhängender Ereignisse darstellen, das keine definitive Richtung der Zeit enthält. Teilchen können sich in der Zeit vorwärts und rückwärts bewegen.

Bezogen auf das Feld des Unbewussten bedeutet dies, dass das Kollektive Unbewusste alle Ereignisse kennt.

Wäre es nicht toll, wenn wir auf dieses gesamte Wissen des Unbewussten Zugriff hätten?

Das ist praktisch nicht möglich, da unser Bewusstsein diese Menge an Informationen nicht erfassen und schon gar nicht verarbeiten kann. Deshalb ist unser Bewusstsein keineswegs eine klägliche Erfindung der Natur, sondern ein sehr „bedachtes" und vor allem effizientes Produkt. Meines Erachtens sind wir nur zur Erkenntnis im Sinne auch einer Schaffung/Produktion von Realität und damit auch der Veränderung dieser Realität fähig, *weil* wir ein dreidimensionales Bewusstsein haben. Andernfalls würden wir wohl Wellen im Feld wahrnehmen, wenn man überhaupt von Wahrnehmung in dem uns bekannten Sinne sprechen kann. Bewusstes Handeln wäre so nicht möglich.

Allerdings möchte ich hier eine klare Unterscheidung zum Unbewussten vornehmen.

Das ist aufgrund seiner mehr als drei Dimensionen in der Lage, als vieldimensionale Welle zu existieren und damit überall gleichzeitig sein zu können. Es „kennt" demzufolge alle Ereignisse. Beziehen wir außerdem mit ein, dass das kollektive Unbewusste die gesamte Menschheit betrifft und die Archetypen in ihrem Wirken sogar darüber hinausgehen, so ist keineswegs mehr unglaublich, dass das Unbewusste auf diese beschriebene Weise existiert . Es wird uns jedoch nur mit jenen Ereignissen konfrontieren, die eine Bedeutung für die jeweilige Existenz und deren Situation haben.

An dieser Stelle mag der Eine oder Andere einwenden, dass unser Handeln doch gar nicht notwendig sei. Im „Nicht-Tun" läge die Weisheit.

Nun – ich habe im ersten Kapitel dargelegt, dass das Tao uns Lebewesen braucht, nicht nur, um sich selbst zu erkennen, sondern auch wegen der permanenten Schaffung von Ereignissen, die zu Veränderungen führen. Die Dynamik, die permanente Bewegung und Veränderung sind ein Wesenszug des Tao, der ihm Unsterblichkeit verleiht.
Ich ahne, dass jetzt Physiker entgegnen, das Universum hätte zwar eine sehr lange, aber dennoch nur begrenzte Lebensdauer.
Was *unser* Universum angeht, mag dies stimmen, aber aus unserem könnte ein anderes entstehen. Die Physik selbst legt dar, dass Energie nicht verloren geht, sie kann jedoch ihre Form wechseln. Also muss es etwas danach geben.
Das Tao ist also unsterblich, bedarf jedoch dafür offenbar dieser Dynamik.

Wir kennen diesen Prozess auch aus dem Leben. Ein Mensch, der aufhört, sich zu bewegen, ob körperlich oder geistig, erstarrt und stirbt langsam.

Durch diese Dynamik, auf die ich an späterer Stelle zurückkomme, hat das Tao eine schier unerschöpfliche Kreativität, wodurch unermesslich viele Ereignisse möglich sind.

II. 6. Weltlinien in der Physik –
unser Weg durch durch Raum und Zeit
und der sechste Sinn im Unbewussten

Wir empfinden Zeitablauf, weil wir mit unserem dreidimensionalen Bewusstsein Zeit und Raum als voneinander getrennt wahrnehmen. Dabei bewegen wir uns wie Teilchen auf einer Weltlinie.
Weltlinien werden in der Physik definiert als Pfad oder Raumkurve von Objekten in der Raum-Zeit. Jeder Beobachter durchläuft im Laufe der Zeit eine Menge von Ereignissen. Diese Linie in der Raum-Zeit ist seine Weltlinie.
In dem wir uns auf einer Weltlinie bewegen, erleben wir nacheinander, also in zeitlicher Abfolge, Ereignisse.

Da unser Unbewusstes mindestens vierdimensional agiert, sonst könnte es nicht als kollektives Unbewusstes fungieren, muss es, wie schon gesagt, alle Ereignisse in der Raum-Zeit kennen. Und ab und zu, besonders wenn es wichtig für uns ist, gibt es uns einen Hinweis. Diesen Hinweis erfahren wir als Ahnung oder als Traum. Wir haben so ein Bauchgefühl und ahnen, dass etwas auf uns zukommt. Das kann sowohl ein freudiges wie auch unangenehmes Gefühl bezogen auf das herannahende Ereignis sein.

Kinder und Tiere, die noch viel mehr mit ihren unbewussten Instinkten verbunden sind, können so etwas viel besser fühlen.
Sie haben bestimmt schon mal eine Situation erlebt, in der sie etwas vorhatten, und die Kinder oder ihre Haustiere haben Ihnen buchstäblich einen Strich durch die sprichwörtliche Rechnung gemacht, in dem sie ganz plötzlich krank wurden und sie deshalb ihr Vorhaben auf Eis legen mussten.

Ein weiteres gutes Beispiel sind die Elefanten, die in Indonesien, als der vom Erdbeben verursachte Tsunami anrollte, lange vor Eintreffen der Welle Anhöhen auf der Insel aufgesucht haben, um sich so zu schützen. Seeschwalben an den Küsten fliegen ebenfalls lange vor einem heftigen Sturm zum Schutz landeinwärts. Das heißt, sie wissen von der herannahenden Gefahr.

Weiter oben hatte ich schon die Experimente mit Menschengruppen erwähnt, deren gleiche Gedanken messbare Wirkung hatten.

Im Globalen Bewusstseinsprojekt (GCP) unter Leitung von Professor Nelson wurden interessante Werte mit den in der ganzen Welt installierten Zufallsgeneratoren, die über Computer miteinander verbunden sind, gemessen. So gab es beispielsweise schon ein paar Tage vor den schrecklichen Ereignissen am 11. September in den USA erhebliche Abweichungen von den Normalwerten, erst recht natürlich am 11. 09.

Das heißt für mich, dass viele Menschen vorbewusst bereits die herannahende Gefahr kannten.

Ich möchte an dieser Stelle jedoch nicht verschweigen, dass es auch kritische Stimmen zu diesem Projekt gibt.

Ein anderes eindrucksvolles Beispiel ist das so genannte „Blindsehen". Mittels MRT konnte festgestellt werden, dass Blinde den Gesichtsausdruck ihres Gegenüber „sehen", besser gesagt, wahrnehmen können. (s. auch Petra Stoerig, "Untersuchungsverfahren")

Das Unbewusste gibt dieses Wissen frei, weil es nützlich für uns ist.

Einige Wissenschaftler arbeiten zur Zeit daran, nachzuweisen, dass die Menschen einen 6. Sinn haben.

Das Unbewusste als 6. Sinn zu bezeichnen, wäre allerdings eine maßlose Unterschätzung seiner Leistung. Dieser s. g. 6. Sinn ist *ein* Aspekt des Unbewussten.

Der Physiker Maxwell spricht von avancierten Potentialen, was bedeutet, dass Informationen, deren Träger Licht ist, aus der Zukunft bei uns in der Gegenwart ankommen. Diese Informationen würden rückwärts durch die Zeit reisen.

Feynman meint jedoch, dass das Rückwärtsreisen gar nicht notwendig sei, wenn es sich um negative Energie, also Antimaterie handelte. Diese reist ebenfalls vorwärts durch die Zeit.

Inzwischen sind sich viele Wissenschaftler einig, dass alle Menschen das Phänomen der vorausahnenden Information haben. (Vgl. 28)

Wir sehen, wie viele interessante Gedanken es inzwischen zu diesem Thema gibt.

Ich meine allerdings, dass die Menschen – und nicht nur Menschen – nur unter bestimmten Bedingungen Vorausahnungen haben, nämlich immer dann, wenn die Informationen für sie wichtig und emotional aufgeladen sind.

Eine Ausnahme bilden jene Menschen, deren Thalamus – der Pförtner oder auch Filter in unserem Gehirn für Informationen – durchlässiger ist als normalerweise. Sie könnten wahrscheinlich mehr Zukünftiges wahrnehmen, aber wohl immer nur als Gefühl, eventuell als Symbol mit einem bestimmten Gefühlston.

Überträgt man diese Auffassung auf die Krankheit Schizophrenie, so könnte der Forschungsansatz, der auf der Erkenntnis des in Studien festgestellten kleineren Thalamus bei Schizophrenie-Patienten aufbaut, zu einer Lösung führen. Denn diese Ursache wäre eine Erklärung für das Übermaß oder die Überschwemmung von Einflüssen aus dem Unbewussten. Die medizinische Forschung wird zeigen, welche Rolle dieser Pförtner spielt.

II.7. Freiheit der Entscheidung unseres Weges oder Vorbestimmtheit

Wenn wir uns auf einer Weltlinie bewegen, haben wir dann die Freiheit, zu entscheiden, oder ist unsere Zukunft festgelegt?

Um mich dieser Frage zu nähern, schaue ich wieder in die Natur.

Der Weg des Teilchens wird durch seine Masse und seine Geschwindigkeit bestimmt. Er ist damit festgelegt, zumindest so lange, bis es mit einem anderen Teilchen kollidiert. Dann kann vieles passieren. Entweder es entstehen aus diesem einen Teilchen viele andere, die aber insgesamt die gleiche Energie haben, die Bahn kann sich ändern, die Richtung in der Zeit usw.

Warum sollte es bei uns Lebewesen anders sein?

Auch unser Weg wird durch unsere Energiestrukturen und Energiemengen bestimmt, die unsere Fähigkeiten ermöglichen. Im Rahmen dessen können wir uns relativ frei bewegen.
Natürlich können wir einen gänzlich anderen Weg versuchen. Ich bin jedoch davon überzeugt, dass wir über kurz oder lang feststellen werden, dass fehlende Voraussetzungen diesen Weg sehr schwer machen oder gar zum Scheitern führen.

Swami Sivananda illustriert diesen Zusammenhang in seinen Lehren sehr schön.
Man habe nicht die Freiheit, das Ergebnis seiner Taten zu bestimmen, aber man habe die Freiheit, die Zielrichtung seiner Taten zu bestimmen. Er erzählt, dass jede Seele wie ein Mann ist, der ein Stück Land besitzt. Die Größe, die Beschaffenheit der Erde, die Bedingungen des Wetters sind alle vorgegeben. Aber dieser Mann ist weitgehend frei, die Erde zu

pflügen, zu düngen und guten Ertrag zu haben oder aber es Ödland bleiben zu lassen.

In einem bestimmten Rahmen, der vorgegeben ist durch Bedingungen, können wir uns frei entscheiden. (45)

Die Weisen lehren uns, dem Fluss des Tao zu folgen. Dann entwickelt und vollendet sich alles wie von selbst.

Viele von uns haben diese Erfahrung schon irgendwann gemacht. Wenn eine Aufgabe oder eine Sache buchstäblich vor die Füße gefallen ist und man sie aufgehoben und weiter verfolgt hat, haben sich die Dinge leicht und in unserem Sinne entwickelt. Sie entsprachen eben unseren Möglichkeiten, unserem Weg, der Flussrichtung.

Wenn wir uns hingegen eine Sache über einen langen Zeitraum erkämpfen mussten, macht sie uns auch nach der Inbesitznahme Schwierigkeiten und kostet uns Kraft.

Womit ich nicht ausdrücken will, dass man nicht kämpfen soll, um sich durchzusetzen. Das ist schon wichtig, jedoch sind Zeitraum und andere Umfeldbedingungen einzubeziehen für die Entscheidung, wie lange und auf welche Weise man kämpfen sollte.

Welche Rolle spielt in diesem Zusammenhang Karma und was ist das überhaupt?

II.8. Kausalität in der Physik und Karma

Weiter oben im Zusammenhang mit der Darstellung des Feldes wurde erläutert, dass Felder, das Universum, das Tao, ständig in Bewegung und Veränderung sind. Jedes Ereignis verändert das Feld. Dieses veränderte Feld bewirkt nun seinerseits wieder Veränderungen.

Man kann das auch am Beispiel der Teilchen ausdrücken. Teilchen kollidieren, zerfallen in andere Teilchen, diese bilden ihrerseits wieder neue Teilchen.
Auf die Ursache folgt eine Wirkung. Man nennt dieses Naturgesetz das Ursache-Wirkung-Prinzip.

Karma bedeutet vom Begriff her Aktion/ Handlung. Aktion ist Bewegung, sie hat einen zeitlichen Aspekt, also Handlung in der Zeit. Sie unterliegt dem Kausalitätsprinzip.

Da wir nun wissen, dass jedes Ereignis, also auch jede Handlung ein Feld verändert, muss es zwangsläufig Karma geben. Auf jede Ursache folgt eine Wirkung, zumindest in unserem Makrokosmos. Kausalität ist die Abfolge aufeinander bezogener Ereignisse.
Durch den dynamischen Charakter des Universums wird ständig Karma geschaffen.

Der Physiker David Fair bezeichnet fundamentale Kausalität als Transfer von Energie und Impuls. Das berühmte Beispiel „John's Ärger ließ ihn Bill schlagen" veranschaulicht, was gemeint ist. (Vgl. 28)
Dies kann stattfinden, indem sogenannte Erhaltungsgrößen ausgetauscht werden. Das sind Größen, die in einem abgeschlossenen System einen bestimmten zeitlich konstanten Betrag haben, wie eben Energie, Impuls oder Drehimpuls. Die Erhaltungsgrößen stehen in Zusammenhang mit der Symmetrie eines Systems.

Für eine Handlung wird eine bestimmte Menge Energie, Impuls usw. benötigt. Diese wird aus einem System abgezogen und einem anderen System zugeführt. Das verursacht eine bestimmte Wirkung. Diese Wirkung ist erst gelöscht, wenn die ausgetauschte Erhaltungsgröße wieder an ihrem ursprünglichen Platz im System ist.

Vielleicht ist es besser verstehbar, wenn man sich zwei Teilchen vorstellt – A und B-, die kollidieren, Energie abgeben, so dass Teilchen C entstehen kann. Teilchen C verdankt seine Existenz einem Energiebetrag von A und von B. Teilchen C wäre nicht existent, wenn der Austauschbetrag wieder bei A und bei B auf dem ursprünglichen Platz wäre. Damit gäbe es Wirkung C nicht. Man könnte auch sagen, das Karma C existiert nicht oder nicht mehr.

So wie Teilchen sich einen bestimmten Energiebetrag aus dem Vakuum kurzzeitig borgen können, der dann allerdings zurückzuleisten ist, können auch wir uns Energie borgen.
Manche nennen das auch „auf Kosten anderer leben". Das ist in unserer Welt durchaus verbreitet.
Aber ähnliches passiert meines Erachtens auch beim Reiki, bei dem Energie aus der Umgebung einem Körper zugeführt wird. Irgendwann muss diese entsprechend der Naturgesetze wieder zurück ins Universum, spätestens durch den Tod des Körpers.

Im Grunde bedeutet es, dass alles zurückgezahlt werden muss im Sinne der Symmetrieerhaltung.

Dieses Naturgesetz gilt in all unseren Lebensbereichen.
Wenn wir leben, entwickeln wir uns, in welche Richtung auch immer.
Dafür benötigen wir Energiebeträge und geben ständig Energie ab.
Entsteht ein Ungleichgewicht, haben wir ein Problem.
„Jede Tat, jeder Gedanke, der Ausdruck findet, nennt man Karma. Das Verursacherprinzip ist das Gesetz des Karma. Wo immer eine Ursache genannt werden kann, muss eine Wirkung kommen. Ein Samen ist Ursache für einen Baum, der die Wirkung darstellt. Der Baum produziert Samen und wird zur Ursache der Samen......... In diesem Universum passieren Dinge nicht aus Versehen oder zufällig in ungeordneter Art und Weise. Sie geschehen in einem geregelten Ablauf; das Eine folgt aus

dem Anderen. Es existiert eine sicher bestimmte Verbindung zwischen dem, was von dir jetzt getan wird und dem, was in der Zukunft passieren wird. Jede Handlung hat eine dreifache Wirkung. Sie gibt dir eine angemessene Belohnung oder Frucht. Sie beeinflusst auch deinen Charakter, hinterlässt einen Fusstapfen in deinem Bewusstsein. Dieser wird dich drängen, diese Handlung zu wiederholen.

Als Eindruck wird er im Geist entweder aufgrund eines inneren oder eines äusseren Reizes die Gestalt einer Gedankenwelle annehmen. Eben so hat eine Handlung ihre Auswirkung in der Welt.....Karma kann nicht vermieden werden. Es wird nur verbraucht, indem es erfahren wird. Du zahlst die Rechnung für deine Vergangenheit. " (45, Lehren und Vorträge, 25.01.2017)

Die Ähnlichkeit zwischen den Auffassungen des Buddhismus zum Begriff Karma und denen der modernen Physik sind augenscheinlich, auch wenn der Buddhismus andere Bilder und Worte benutzt.

Das Karma ist also nichts Mystisches, sondern hat seine Grundlage in Naturgesetzen.

Was können wir daraus für unser Leben ableiten?
Ganz einfach gesagt: Sende nur solche Energiepakete, die du auch zurück haben möchtest.
Der Alten Sprichwort ist wohl wahr: Was du nicht willst, das man dir tu', das füg' auch keinem Andern zu.

Swami Sivananda findet dafür folgende Worte:
„Du säest eine Tat und erntest ein Verhalten. Du säest ein Verhalten und erntest einen Charakter. Du säest einen Charakter und erntest dein Schicksal. Somit ist dein Schicksal dein eigenes Werk. Du musst es aufbauen. Du kannst es zurückbauen indem du edle Gedanken

unterhältst, rechtschaffene Taten vollbringst und deine Art zu denken änderst.

Genau in dieser Weise, kann der, der die Gesetze der Natur kennt — das Gesetz des Gedankens, das Gesetz des Karmas, das Gesetz von Ursache und Wirkung — furchtlos den Ozean von Samsara befahren...... Er wird sich die hilfreichen Kräfte zu seinem besten Vorteil dienstbar machen und die entgegenstehenden Kräfte geschickt neutralisieren mit Hilfe des Wissens über die Gesetze. Wissen ist eine leuchtende Fackel. Daher ist Wissen absolut unverzichtbar." (ebenda)

Es ist eine Kunst, das Leben auf diese Weise zu meistern. Denn das Wirken der verschiedenen Archetypen macht es uns nicht unbedingt leichter. Wir können den Widersprüchen und Auseinandersetzungen nicht ausweichen. Ohne diese gäbe es keine Entwicklung. Und Entwicklung ist ein Wesenszug des Universums und unseres Seins. Die Art und Weise dieser Auseinandersetzung hängt ab von dem Stand unseres Bewusstseins. Deshalb ist Wissen unverzichtbar.

An dieser Stelle möchte ich anmerken, dass auch Albert Einstein der Meinung war, dass nichts zufällig geschieht. Er glaubte, dass es unterhalb des Quantenfeldes, in dem Dinge unvorhersehbar und akausal passieren und nur mit einer gewissen Wahrscheinlichkeit vorausgesagt werden können, eine weitere Ebene gäbe, die wiederum nach dem Ursache-Wirk-Prinzip funktioniert.
Bis heute ist diese Frage unbeantwortet.

Denken wir zurück an unsere Weltlinien, die ja auch in gewissem Maße eine Vorbestimmtheit hinsichtlich der Ereignisse, auf die wir treffen, haben – zumal in unserem Makrokosmos die Kausalität gilt.

Dennoch gibt es Einwendungen, die bedenkenswert sind. Carl Gustav Jung vertrat die Auffassung, dass es in der Psychologie zeitlich korrelierende Ereignisse, die nicht über eine Kausalbeziehung verknüpft sind, gibt. Er nannte das die Synchronizität der Ereignisse.

II.9. Synchronizität der Ereignisse – ein Widerspruch zur Kausalität?

Es geht dabei um innere Vorwegnahmen äußerer Ereignisse.
Ein Synchronizitätsphänomen besteht nach Jung aus zwei Teilen: Ein unbewusstes Bild einer später eintretenden Realität kommt ins Bewusstsein, als Traum, Symbol oder Ahnung, und mit dieser Vorstellung trifft ein sinngleicher äußerer Tatbestand ein.

Marie-Luise von Franz beschreibt diese in einem Beispiel, in dem eine Kundin eines Konfektionshandels ein schwarzes statt des bestellten farbigen Kleides gerade am Todestag einer nahen Verwandten erhält. In einem anderen Beispiel fühlt sie sich gedrängt, eine junge Klientin unverabredet zu besuchen und tatsächlich verhindert sie dadurch den Suizid. Ein Traum hat ihr diese Botschaft vermittelt.
Sie bezieht sich außerdem auf eine gut beglaubigte Sammlung von Beispielen von Wilhelm von Scholz in Der Zufall und das Schicksal.

„Da man etwas nicht Existierendes nicht wahrnehmen kann, muss angenommen werden, dass es in irgendeiner Form doch existiert, so dass es gleichwohl wahrgenommen werden kann. Die Erklärung liegt in der Annahme, dass parallel zum (zukünftigen) objektiven Ereignis eine ähnliche oder identische subjektive, d. h. psychische, Anordnung bereits besteht, die sich ihrerseits durch keine antizipierende kausale Wirkung erklären lässt." (30, S. 408).

Wenn wir diese Aussage mit den weiter oben angeführten Annahmen der Physik über das Vorhandensein aller Ereignisse in der Raum-Zeit und über Weltlinien vergleichen, so darf man Zweifel daran haben, dass dies ohne Grund, ohne Voraussetzung geschieht. Das bereits vorhandene Ereignis in der Raum-Zeit, das uns zwar noch nicht bewusst ist, dennoch aber existiert, bildet den Grund für unsere seelische Wahrnehmung, für unser unbewusstes Fühlen und Empfinden, ja sogar für unsere Intuition. Das wäre dann durchaus eine Kausalbeziehung.

Selbst wenn man davon ausgeht, dass es in der Natur nur Wahrscheinlichkeiten gibt, so sind Grundlagen dieser Wahrscheinlichkeiten Informationen über die Wirklichkeit, zum Beispiel über Teilchen und deren Bestandteile usw., die sich auf die eine oder andere Weise realisieren können. Auf welche Weise sie sich realisieren, können wir nicht wissen, aber vielleicht kurz vorher erahnen, wenn der Prozess nicht zu schnell abläuft.

An anderer Stelle (25, S. 261) schreibt von Franz: „Soweit wir die Lage heute beurteilen können, stehen Synchronizitätsereignisse immer mit einem aktivierten Archetypus in Zusammenhang."
Ein solcher Archetypus wäre dann ebenfalls eine Ursache. Denn so wie das Tao ordnet auch der Archetypus, er schafft Anordnungen, die erscheinen und wirken und organisiert die Beziehungen der Menschen untereinander. Der Archetypus selbst ist ein So-Angeordnetsein, er entspricht sehr wahrscheinlich naturgesetzlichen Prinzipien. Denn archetypische Prinzipien sind in der gesamten Natur beobachtbar: Das Zerstörerische, das sich zum Beispiel in einem Vulkan oder in einer Supernova manifestiert, das Zusammenfügende, das in der Gravitationskraft zum Ausdruck kommt, das Schöpferische, das Bewahrende, um nur einige zu nennen.
Nur aufgrund dieses Wirkens kommen Ereignisse zustande.

Da sich, wie wir aus der Physik wissen, Energie zu Materie verdichten kann, ist das fast gleichzeitige Erscheinen innerer Wahrnehmungen in der äußeren Welt, also Synchronizität von Ereignissen, plausibel. Und nicht nur deshalb. Das Unbewusste hat, wie wir Menschen insgesamt und wie alle Energie, Wellen- und Teilchenfunktion, wenn wir die Physik als Analogie hernehmen. Mit der Wellenfunktion ist es überall gleichzeitig und kann demzufolge Ereignisse synchronistisch erzeugen bzw. sichtbar machen. Das wird weiter unten verständlicher.
Synchronistische Ereignisse sind beobachtbar.
Hinsichtlich der Aussagen zur Akausalität in der angegebenen Literatur habe ich Zweifel.

II.10. Das Doppelspalt- Experiment und seine Bedeutung für Erkenntnisse des Wirkens des Unbewussten und seinem Verhältnis zum Bewusstsein

Im Doppelspaltexperiment ging es kurz gesagt darum, dass durch zwei senkrecht und parallel angeordnete Spalten Wellen gesendet werden, die auf einem Schirm hinter den Spalten mit einer gewissen Distanz auftreffen. Es entstanden auf dem Schirm Interferenzmuster.
Das Besondere und Unerklärbare bestand darin, dass die Wellen, wenn sie beobachtet wurden, als Teilchen auf dem Schirm auftrafen, unbeobachtet jedoch ein Wellenmuster auf dem Schirm hinterließen.

Bis heute gibt es verschiedene Theorien, in denen versucht wird, dieses Phänomen zu erklären.
Es wird davon ausgegangen, dass Teilchen gleichzeitig auch Wellencharakter haben und sich somit in einer Superposition befinden,

die im Zeitpunkt der Beobachtung kollabiert , so dass für den Beob-
achter nur ein Teilchen, nicht aber die Welle sichtbar ist.
Es würde zu weit führen und ist nicht Anliegen des Buches, alle Theorien
dazu auch nur kurz anzuführen.
Eine Auffassung jedoch scheint mir persönlich sehr plausibel, weshalb
ich sie nenne.
Es ist die Auffassung des Physikers Maudlin, nach der der Kollaps der
Superposition nur im Bewusstsein des Beobachters stattfindet. (Vgl. 28)

Das ist für mich nachvollziehbar, da unserem Bewusstsein mindestens
eine Dimension fehlt, weshalb es eine vieldimensionale Welle nicht
wahrnehmen kann.
Wir können mehr als dreidimensionale Prozesse nicht beobachten.
Deshalb kollabieren diese Prozesse auf höchstens drei Dimensionen in
unserem Bewusstsein.

Das Unbewusste jedoch bleibt in der Superposition.
Ich selbst habe eine Erfahrung gemacht, die mir das sehr deutlich
werden ließ.
Ich saß auf einem Felsen am Meer und beobachtete sehr erschöpft die
Wellenbewegung. Irgendwann starrte ich nur noch ohne zu denken und
bewusst wahrzunehmen und da geschah etwas sehr Beeindruckendes.
Ich hatte das Gefühl, mich aufzulösen und die Welle selbst zu sein, nicht
nur in der Welle. Ich erschrak heftig darüber, was mit mir geschah, und
war sofort wieder hellwach und der Spuk war vorüber.
Mein Wellenzustand war gewissermaßen kollabiert im Zeitpunkt der
Bewusstwerdung.

Aufgrund dieses Erlebnisses habe ich zum ersten Mal wirklich
verstanden, was Buddhisten meinen, wenn sie davon sprechen, dass
sich in einer tiefen Meditation alles um einen herum auflöst. Für Meister

der Meditation gibt es im tiefen reinen Zustand der Meditation weder Raum noch Zeit.

In tiefer Meditation wird das Bewusstsein weitgehend neutralisiert und man ist überwiegend mit dem Unbewussten „unterwegs". Daher ist es wohl möglich, die Wellenfunktion zu erleben.
Es gibt allerdings verschiedene Stufen der Meditation, auf die ich im dritten Kapitel noch eingehe.
In diesem Zusammenhang taucht eine weitere interessante Frage auf: Ist die Welt um uns herum nur als solche existent, weil wir sie wahrnehmen?

Zu diesem Thema habe ich in der Literatur eine interessante Diskussion zwischen Albert Einstein und Rabindranath Tagore gefunden, veröffentlicht in „Die Religion des Menschen", Anhang II: Anmerkung über das Wesen der Wirklichkeit.
Einstein formuliert die Frage wie folgt: „Es gibt zwei verschiedene Auffassungen vom Wesen der Welt: 1. Die Welt ist eine Einheit, die von der Menschheit abhängt. 2. Die Welt ist eine vom menschlichen Faktor unabhängige Wirklichkeit." (ebenda 19, S. 148)
Einstein:
„Ich kann nicht wissenschaftlich beweisen, dass Wahrheit als eine Wahrheit begriffen werden muss, die unabhängig von der Menschheit gültig ist, aber ich glaube es bestimmt. Ich glaube zum Beispiel, dass der pythagoräische Lehrsatz in der Geometrie etwas feststellt, das annähernd wahr ist, ganz unabhängig vom Dasein eines Menschen. Jedenfalls, wenn es eine Wirklichkeit unabhängig vom Menschen gibt, gibt es auch eine Wahrheit in Bezug auf diese Wirklichkeit. ..." (ebenda, S. 149)
Tagore:
„Die Wahrheit, ..., muss wesenhaft menschlich sein....,wenigstens die Wahrheit, welche wissenschaftlich beschrieben wird und nur durch

einen logischen Denkvorgang erreicht werden kann-, mit anderen Worten: durch ein Denkorgan, welches eben menschlich ist. ...
Das Wesen der Wahrheit, von der wir reden, ist eine Erscheinung, das will sagen: sie erscheint dem menschlichen Geist als wahr und ist daher menschlich...." (ebenda, S. 149/150)

Einfach ausgedrückt meint Tagore, dass es ohne unseren menschlichen Geist keine Wirklichkeit gibt.

Diese Diskussion ist nicht nur eine zwischen einem Physiker und einem Literaten und Philosophen. Sie findet auch unter Physikern statt.

Weshalb ist die Beantwortung dieser Frage für uns wichtig?

Je nachdem welchen Standpunkt ich einnehme, ordne ich mich in die Welt ein, nehme meinen Platz in ihr ein.
Folge ich der Auffassung, dass der Mensch die Welt kreiert, so wäre der Mensch allmächtig.

Wir wissen, dass das nicht so ist.
Meines Erachtens gibt es eine Essenz, im I Ging, dem chinesischen Buch der Weisheit, auch Keime genannt, aus der die Ereignisse nach den Regeln der Naturgesetze entstehen können. Diese Essenz ist objektiv und vom Menschen unabhängig vorhanden.
Ich vermeide ganz bewusst den Begriff „objektive Informationen", die in der Natur vorhanden sind, denn Information impliziert den Gedanken, also ein Produkt des menschlichen Intellekts.
Die Dinge der materiellen Welt schafft der Mensch durch seine Gedanken. Jedem Ding gehen gedankliche Prozesse voraus, bevor es der Mensch erschaffen kann.

Dieser, mein Standpunkt macht es mir möglich, Teile der Seele als objektiv existierend annehmen zu können, da die Essenz des Universums genauso die Grundlage für Seele ist.

Erst der Bestandteil Bewusstsein führt zur Individualität, die dann wieder einzigartig und vom Menschen und seiner Entwicklung abhängig ist.

Das beschriebene Doppelspalt-Experiment zeigt uns, welche Rolle Unbewusstes und Bewusstsein im Universum spielen.

Vereinfacht gesagt ist das Unbewusste für unsere Existenz im Universum wesentlich, es stellt eine Art objektive Realität dar, für unsere Erkenntnis brauchen wir das dreidimensionale Bewusstsein, das vom Menschen abhängig ist.

Dialektisch gesehen, liefert uns das Unbewusste ebenfalls Erkenntnis und das Bewusstsein wiederum ist fähig, diese Erkenntnis zu haben, zu verarbeiten und weiterzuentwickeln und wirkt so auch auf das Unbewusste zurück.

Daher sollte unsere Beziehung zum Unbewussten wesentlich bewusster sein.

Ein weiteres, hochinteressantes Experiment in der Quantenphysik, das für das Verstehen unseres Seelenlebens bedeutsam ist, möchte ich im Folgenden beschreiben.

II.11 Das EPR-Experiment

Dieses Experiment wurde von Einstein, Podolski und Rosen entwickelt. In dem Experiment wurden zwei Elektronen gleichzeitig emittiert. Das eine wurde in Richtung A gesendet, das andere in Richtung B. Die Teilchen wurden räumlich separiert, sehr weit sogar.

Messungen haben dann gezeigt, dass sich, wenn Veränderungen am Teilchen A vorgenommen wurden, sich auch das Teilchen B geändert hat, obwohl es räumlich entfernt von A existierte. Es ging dabei um die Änderung des Spins, der bei beiden Teilchen immer entgegengesetzt ist. Verständlicher gesagt, dreht sich der Spin bei A rechtsherum, so dreht er sich bei B links herum. Wenn man die Richtung bei A geändert hat, so änderte sich der Spin bei B, obwohl eine räumliche Distanz bestand.

Einstein bezeichnete das Verhalten der Teilchen, die wie von Geisterhand gesteuert schienen, als spukhaftes Verhalten.

Die Frage, die bis heute ungeklärt ist, lautete: Wie weiß Teilchen B von Teilchen A, wenn doch nichts schneller als das Licht sein kann. In diesem Falle müssten die Teilchen nacheinander reagieren, sie haben aber gleichzeitig reagiert.
Welche Rolle spielen die Beobachter des Experimentes, die die Messungen ausgeführt haben?

Die Teilchen standen miteinander in Beziehung, waren miteinander verschränkt, so nennt man diesen Zustand in der Physik, obwohl dies eigentlich nicht möglich war, denn es bestand räumliche Trennung und die Begrenzung der Informationsübermittlung durch die Lichtgeschwindigkeit.

Die Physik sah hiermit das Prinzip der Lokalität verletzt, das jedoch ein fundamentales Prinzip der Relativitätstheorie ist.
Der Physiker Bohm meint, dass die Welt fundamental nichtlokal ist, da die Wellenfunktion nichtlokal ist. Erinnern wir uns: weiter oben heißt es, dass die Welle überall gleichzeitig ist, also nichtlokal.
Weiter postuliert die Physik, dass angenommen werden kann, dass ein raumzeitlicher Abstand zwischen zwei Systemen keine ausreichende Bedingung für die Individuierung von Systemen ist. Unter Umständen können zwei getrennte Systeme ein gemeinsames System darstellen.
(28)

Demgegenüber sind Albert und Loewer der Meinung, dass es sich um einen lokalen Prozess handelt, da nur die Körper miteinander interagieren, nicht jedoch die Bewusstseine der Beobachter. (28, S. 189) Es wird weiterhin vermutet, dass ein besseres Verständnis erst dann erreicht werden kann, wenn man das menschliche Bewusstsein und seinen Zusammenhang mit dem Körper physikalisch-kausal erklären kann.

Wenn wir das für die Seelenforschung übernehmen und statt Körper den Begriff Unbewusstes verwenden, wird verständlich, wodurch die Teilchen miteinander verschränkt sind.
Das Wellen-Feld des Unbewussten, in dem die Systeme, in diesem Fall des Experimentes, miteinander verbunden sind, erlaubt es, Informationen ohne Zeitverzug zu übermitteln.

Wir kennen genügend Phänomene aus dem Leben, die das plausibel machen.
Im ersten Kapitel wurden Gefahrensituationen beschrieben, in denen wir die Gefahr bereits „kommen sehen" und deshalb adäquat reagieren können.
Oder aber wir wissen plötzlich, dass es einem nahe stehenden Menschen nicht gut geht und er unsere Hilfe braucht.
Dieses Vorauswissen ist möglich, weil wir uns in einem verschränkten Zustand befinden.
Vielleicht hat ja David Bohm Recht, wenn er sagt, dass das ganze Universum von Beginn an einen großen verschränkten Zustand darstellt, dessen Unterzustände nie wirklich separiert werden können. Ein Messprozess (Bewusstseinsaktivität!) löst verschränkte Zustände wieder auf und individuiert sie. Dadurch besitzen Teilchen wieder Eigenschaften unabhängig vom raumentfernten Partnerteilchen.
Ähnlich trifft das meines Erachtens auch für die menschliche Existenz zu. Einerseits sind wir mit allem und allen verbunden, andererseits leben wir als Individuen mit Bewusstsein.
Die Bohmschen Überlegungen sind *eine* Auffassung von vielen Auffassungen in der Physik.

Andere Theorien, die String-Theorien und Superstringtheorie besagen, dass die kleinsten Objekte Fädchen sind, die durch ihre Schwingung Teilchen erzeugen können.

In einem Artikel von Tobias Hürter (31) ist folgende Beschreibung zu lesen:

„Die Grundidee der Stringtheorie ist so simpel, dass jeder sie verstehen kann: Alle Materie besteht aus winzigen, schwingenden "Saiten" *(strings)*. Die Vielfalt ihrer Schwingungen erzeugt die Vielfalt der Teilchen und Kräfte – ähnlich wie die Schwingungen der Saiten einer Gitarre alle möglichen unterschiedlichen Melodien hervorbringen können.

So soll zum Beispiel die Schwerkraft aus den Schwingungen geschlossener, also ringförmiger Strings entstehen. Klingt simpel. Aber es ist äußerst knifflig, daraus eine wirklich aussagekräftige physikalische Theorie zu schmieden. So zeigt sich, dass die Strings in vieldimensionalen Räumen schwingen müssen, die geometrisch verzerrt und gekrümmt sein können, oder auch "nicht-geometrisch". Wie man sich das vorstellt? Am besten gar nicht. Selbst Experten scheitern daran. Damit rechnen lässt sich aber umso besser........

Extradimensionen sind heute ein wichtiger Bestandteil der Stringtheorie."

Auf unsere Seele bezogen sehe ich das so: Das Unbewusste ist als Feld nichtlokal und multidimensional, wodurch wir alle miteinander verbunden sind und wir alle die archetypischen Dimensionen besitzen, während unser Bewusstsein dafür sorgt, dass jede Seele ein individuelles System ist und wir damit zu Individuen werden. Trotz der Individualität sind wir aufgrund unserer gemeinsamen Verbindung in der Lage, als menschliche Wesen zu handeln, das heißt, im wahrsten Sinne des Wortes Mitmenschlichkeit zu entwickeln und zu leben und gemeinsam die menschliche Gesellschaft als solche voran zu bringen und uns dabei in unsere natürliche Umgebung bestmöglichst zu integrieren. Wir sind dazu nicht nur in der Lage, sondern wir sind dazu verdammt, das zu können und zu tun.

Andernfalls vernichten wir uns als System „Mensch", aber auch als System „Mensch-Natur".

Denn – wie schon weiter oben dargelegt – alles Widernatürliche hat keinen Bestand.

Bevor ich zu einer weiteren Vision von mir komme, möchte ich den Versuch einer Zusammenfassung dieses Kapitels machen.

Zusammenfassung

Wesentliche Aussagen der Quantenphysik:

- Es gibt eine Einheit und gegenseitige Bezogenheit aller Dinge
- Materie ist verdichtete Energie
- Alle Objekte haben einen fließenßen, ständig wechselnden Charakter
- Das Universum ist ein durch und durch dynamisches Gewebe
- Das Vorhandensein von Materie kann von ihrer Bewegung nicht getrennt werden
- Subatomare Teilchen haben eine Wellennatur
- Sie befinden sich unbeobachtet in einer Superposition und kollabieren bei Beobachtung
- Teilchen „wissen" voneinander, weil sie miteinander verschränkt sind.
- Alle Energie besteht aus Strings, die in vieldimensionalen Räumen schwingen.

Abgeleitete Aussagen zur Psychologie:

- Die Essenz des Universums ist die Grundlage für Seele
- Das Unbewusste ist ein Feld, dessen Wirken durch physikalische Gesetzte bestimmt wird. Es hat eine Wellenfunktion und ist ständig in Superposition

- Das Unbewusste existiert objektiv und unabhängig vom Menschen. Seine Ausdehnung geht über das kollektive Unbewusste der *Menschheit* hinaus.
- Das Unbewusste hat mehr als dreidimensionalen Charakter und kennt daher alle Ereignisse der Raum-Zeit und kann daher Entscheidungen schneller und besser treffen als das Bewusstsein.
- Vorausahnungen als Aspekt des Unbewussten (6. Sinn) sind möglich.
- Es gibt kein persönliches Selbst, sondern nur das All-Selbst als logische Konsequenz aus der Feststellung, dass der Kern des Selbst im Kollektiven Unbewussten liegt. Wohl aber gibt es eine individuelle Persönlichkeit.
- Es ist für mich denkbar, dass es auch ein kollektives, über das gesellschaftliche Bewußtsein hinausgehendes Bewußtsein gibt.
- Alle Seelen existieren als individuelle Einheit, sind aber in einem Gewebe miteinander verbunden.
- Archetypen als Strukturen des Unbewussten sind Naturgesetze.
- Archetypische Dimensionen können sich materialisieren, da das Unbewusste als Feld Träger allen materiellen Geschehens ist.
- Daher ist Synchronizität von Ereignissen plausibel.
- Karma ist nicht mystisch, sondern als Folge der Kausalität und ständigen Bewegungen und Veränderungen des Universums ein Naturgesetz.
- Geborgte seelische Energie muss zurück getauscht/erstattet werden.
- Bewusstsein ist dreidimensional und aufgrund dieser Beschränkung erkenntnisfähig.
- Bewusstsein hebt die Nichtlokalität auf, löst die Verbindung mit allem, und macht Individuation und Einzigartigkeit möglich.
- Die Seele, zumindest ein Teil von ihr, hat, wie das Universum, viele Dimensionen. Sie ist nicht spezifisch menschlich.

II.12. Vision zu den Dimensionen bzw. Ebenen der Seele und der Weltenbaum der Kabbalah

Bevor ich Anmerkungen zu meiner Vision mache, möchte ich diese bildlich darstellen.

Ich habe verschiedene Ebenen mit Symbolen gesehen, die kreisförmig umeinander gelegt waren.

1. Kreis: In dem runden Kreis in der Mitte befinden sich viele Punkte

2. Kreis: In dem ersten Kreis, der um den inneren herumführt, befinden sich Striche

3. Kreis: Der zweite umlaufende Kreis besteht aus einer Welle, deren Amplitude gleich bleibend umläuft.

4. Kreis: Hier sehe ich längliche Samenschoten, halbgeöffnet mit jeweils 3 Samen

5. Kreis: Striche, die schräg aufwärts und dann wieder abwärts verlaufen, so dass eine Zick-zack-linie entsteht

6. Kreis: runde Kreise, die Symbole enthalten, aber auch geisterhafte Gesichter, wie sie bei Naturvölkern schamanisch beschworen werden

7. Kreis: Eine dickere, wabernde Flüssigkeit mit farblichen Bereichen wie blau, rot und grün.

Wenn ich meinen Arm hinein stecke, ist da kein Widerstand, dennoch ist es etwas Anderes. Dann sehe ich, wie ich selbst darin verwirbelt werde und mich auflöse.

8. Kreis: weiße Energie

Das Beschreiben der Kreise nacheinander bedeutet nicht, dass sie separat in Schichten aufeinander gelegt sind, diese „Schichten" können auch ineinander übergehen.

Zu einigen Kreisen ist nicht viel zu sagen, da die Symbole für sich selbst sprechen. So drückt der erste Kreis die Eindimensionalität aus, die Striche jedoch sind 2-dimensional zu sehen. Informationen sind beispielsweise auch zweidimensional.

Im dritten Kreis könnte es sich um Felder mit Wellenfunktion handeln, die alles verbinden und in denen sich Materie manifestieren kann. Hier können synchronistische Ereignisse stattfinden. Im vierten Kreis sind die Keime/Samen für alles, was sich materialisieren kann, auch für die Gedanken.

Der fünfte Kreis ist mit der Raumzeit vergleichbar, in der Zeit vorwärts und rückwärts verläuft, möglicherweise sich auch alles wiederholt.

Der sechste Kreis lässt mich an die Archetypen denken mit ihrer geschichtlichen Symbolik.

Der siebente Kreis ist Energie in etwas mehr verdichteter Form, etwa wie Plasma, möglicherweise die Essenz, von der ich oben gesprochen habe, während
der letzte Kreis reine Energie, aus Photonen bestehend, versinnbildlicht.

Diese Vision hatte ich während einer Meditation im Jahre 2013.

Wenn ich mir die acht Ebenen anschaue, bringt mich das auf die Idee, dass die ersten drei Ebenen dem bewussten Teil der Seele zuzuordnen sind, einschließlich dem Vorbewussten und der materiellen Welt, während die restlichen Ebenen das Unbewusste repräsentieren.

Das sind meine persönlichen Ideen von dieser Vision.

Eine meiner Vorstellungen, mit Hilfe derer ich mir das komplizierte Thema veranschauliche, ist es, dass es sich bei dem unbewussten Teil der Seele um eine Art „Photonencomputer" handelt, auf dessen Festplatte die Erfahrungen der Menschheit gespeichert sind. Photonencomputer sind bekanntlich unglaublich schnell und haben eine riesige Speicherkapazität. Zur Software würden gehören die Archetypen als Betriebssystem und weitere unterschiedliche Software für unterschiedliche Menschen, mit deren Hilfe sie das Buch ihres Lebens schreiben. Diese Software muss zum Betriebssystem passen.

Wir wissen alle, was passiert, wenn das nicht zusammenpasst.

Wie unsere Seele aus verschiedenen Ebenen strukturiert ist, könnte unser Un iversum aus acht, neun oder zehn Dimensionen aufgebaut sein.

Hätte das Universum auch eine Seele?
Denken wir zurück an die Definition des Begriffes Seele am Anfang des Buches.
Danach hat die Seele eine Funktionalität, die Gedanken und Ideen hervorbringt, also schöpferisch ist. Ferner steuert sie Körperfunktionen und ist in der Lage, wahrzunehmen und zu fühlen.
Bezogen auf das Universum können wir sagen, dass es Naturgesetze gibt, die den Kosmos steuern. Wahrnehmung muss ebenfalls möglich sein, wie anders sollte registriert werden, dass bestimmte Parameter erreicht sind, die eine bestimmte Wirkung erzeugen. Wenn beispielsweise Wasser zu kochen beginnt, also 100 Grad erreicht hat, ändert sich der Aggregatzustand und Wasser wird gasförmig. Sobald ein bestimmtes Maß der Temperatur erreicht ist, reagiert das Wasser mit einer Änderung seines Zustandes.
Sicher ist dies eine andere Art der Wahrnehmung als wir sie verstehen, aber vielleicht müssen wir ja unser Verständnis von Wahrnehmung erweitern.
An dieser Frage werden sich die Geister scheiden. Man kann darüber denken, wie man will.
Ich glaube jedenfalls, dass Universum und Seele sehr verwoben sind. Unsere Seele ist aus dem gleichen Grundstoff gemacht wie alles im Universum. Auch die Gesetzmäßigkeiten gelten für uns als Teil des Universums.

Eine ähnliche Überzeugung hatten die Menschen bereits vor Jahrtausenden.
In der Bagavad-Gita ist geschrieben: „Für die Seele gibt es zu keiner Zeit Geburt oder Tod. Sie ist nicht entstanden, sie entsteht nicht, und sie wird nie entstehen. Sie ist ungeboren, ewig, immerwährend und urerst....."(32, Vers 20).

Eine solche Sichtweise erfordert ein Umdenken.
Von der Ganzheit, von der Verbundenheit unseres Seins mit der Ganzheit ausgehend, fordert es Achtsamkeit von uns. Unserem Handeln das rechte Maß zu geben und immer wieder den Ausgleich zwischen Yin und Yang zu finden, ist ein Gebot unseres Lebens.

Was uns dabei helfen kann, diese Gratwanderung hinzubekommen, soll im Kapitel III geschrieben werden.

Zuvor möchte ich diesen Abschnitt ergänzen durch eine kurze Beschreibung des Weltenbaumes aus der Kabbalah. Dieser Begriff bedeutet Überlieferung und hat seine Wurzeln im Tanach, der heiligen Schrift des Judentums. Diese Überlieferungen, zunächst nur mündlich, gehen bis an die Anfänge der Geschichte der Tora zurück, wurden jedoch im 12. und 13. Jahrhundert als eine Theosophie besonders entwickelt.
Ich hatte mich in 2015 mit dieser Mystik des Judentums beschäftigt und entdeckte Parallelen zur oben dargestellten Vision. Die kabbalistische Lehre enthält viele Aspekte, von denen ich jedoch nur einige aufgreife, die für mein Verständnis von Seele eine Rolle spielen.
Ziel der Kabbalah ist das Verstehen des Lebens und die Erkenntnis der Natur des Menschen.
Da es sich um eine sehr alte Lehre handelt, haben die Menschen versucht, diese Erklärungen mit den Mitteln ihrer Zeit zu finden und zu beschreiben.

Der Weltenbaum wird auch als Baum der Sephiroth (Energiekugeln) bezeichnet.
Er stellt die Struktur des Universums dar und seine Verflechtung mit dem Menschen.
Die ganzheitlichen universalen Kräfte beeinflussen den Menschen und ganz im dialektischen Sinne wirkt dieser zurück auf das Universum.
Im Weltenbaum wird das Wirken der Energien beschrieben, von der reinen Energie bis hinunter zur materiellen Welt. Insgesamt zehn

Sephiroth beschreiben in ihrem Angeordnetsein den Weg von reiner Energie bis zu ihrer Materialisierung.

Die Sephira 1 Kether bezieht ihre Energie aus dem unendlichen Licht Ain Soph Aur. Von Kether, der Wurzel aller Elemente, fließt die Energie zu Chokmah (2), die auf der nächsten unteren Ebene liegt, in der durch Wirken der Naturgesetze die Energie eine erste Richtung bekommt, die dann in Binah (3), auf der gleichen Ebene gegenüber liegend, weiter geformt wird.

Die sich gegenüber liegenden Sephiroth wirken dual gegensätzlich. Diese gegensätzlichen Energien werden durch die drei Sephiroth, die sich auf den drei Ebenen jeweils in der Mitte befinden, ausgeglichen.

In der nächsten unteren Ebene stehen sich Chesed (4) und Geburah (5) als Dualität gegenüber. Auf dieser Energieebene wird der Keimling zum Ereignis. Die Energie Geburah sorgt dafür, dass aus dem Keimling *die* Pflanze wird, die aus ihm werden soll, das bedeutet auch, dass es auf dieser Ebene zu Korrekturen kommen kann.

Diese Materialisierungsprozesse sind für uns Menschen bereits wahrnehmbar und erkennbar, wenngleich auch nicht mit unseren bewussten Sinnen.

Noch deutlicher werden diese Prozesse auf der Ebene Nezach (7) und Hod (8), deren Energien durch unsere Sinne erreichbar sind.

Die mittlere Sephira dieser Ebene Yesod (9) ist das Fundament für die untere Ebene Malkuth (10), die unsere materielle Welt versinnbildlicht, aber auch Standfestigkeit und Abgrenzung.

Bezogen auf die Seele wäre Malkuth vergleichbar mit dem Ego, als materialisierter Form eines Teiles der Seele, während Nezach und Hod die Bewusstseinsebene in ihrer Gegensätzlichkeit repräsentieren. Die Energien von Chesed und Geburah sind in uns vorbewusst vorhanden, dagegen liegen Chokmah und Binah im Unbewussten.

Die Lehre der Kabbala ist ein weiteres Beispiel dafür , wie Menschen seit ewigen Zeiten versuchen, ihr Sein und damit auch ihre Seele zu erklären. Diese Lehre zeigt mir auch, wie versucht wird, die Naturgesetze zu erkennen und zu erklären. Und sie zeigt auch, dass die Struktur des Universums mit seinen Energien eine wichtige Rolle darin spielt.

Wie ist es erklärbar, dass Träume oder Visionen alten Mythen oder spirituellen Auffassungen ähnlich sind?
Ich hatte im ersten Kapitel eine Erläuterung gegeben. Für mich ergibt sich das aus der Existenz des kollektiven Unbewussten, dessen Inhalt das Wissen der Menschheit umfasst.
Mit diesem sind wir verbunden und können deshalb eine Übertragung in unser Vorbewusstes bzw. unser Bewusstsein erleben. Das ist jedem Menschen möglich, wenn er seine Beziehung zum Unbewussten vertieft.

Wie das erreichbar ist, dazu mehr im nächsten Kapitel.

III. Wege zu Dir selbst

Freu Dich des Lebens

Ein und dasselbe Geschick trifft
den Gesetzestreuen und den
Gesetzesbrecher, den Guten und
den Sünder, den Reinen und den
Unreinen.
Also: Iss freudig dein Brot und
trink vergnügt deinen Wein,
denn alles, was du tust, hat Gott
längst so festgelegt, wie es ihm
gefiel.
Trag jeder Zeit frische Kleider,
und nie fehle Duftöl auf deinem
Haupt.
Mit einer Frau, die du liebst,
genieße das Leben alle Tage,
die Gott dir geschenkt hat,
denn das ist dein Anteil am Leben
und an dem Besitz, für den du
dich anstrengst unter der Sonne.

(in: vgl. 43)

III.1. Einführung

Es scheint mir vermessen, Ratschläge zu erteilen, denn jeder Mensch hat sein spezielles Leben, seine besonderen Bedingungen. Es ist deshalb nicht möglich, eine Generallösung für bestimmte Probleme zu entwickeln.

Ich kann daher nur Anregungen vermitteln, welche Wege man auf welche Weise gehen kann.

Ganz sicher wäre es eine große Bereicherung, könnte ich die Erfahrungen sehr vieler Menschen einbeziehen. Ich habe allerdings den Verdacht, dass die Wege der Vielen, in ihre Mitte zu kommen, gar nicht so verschieden sind, denn die Ursachen dafür, sich selbst zu verlieren oder sich nicht zu finden, aus der Mitte weg zu driften, sind nicht sehr verschieden.

Also können auch die Wege zu sich selbst nicht so unterschiedlich sein.

Machen wir uns also auf den Weg.

III.2. Leiden durch Anhaften an Dingen und Wesen – Befreiung durch Loslassen

Woher kommt es eigentlich, dass wir uns ab und zu unglücklich fühlen, mit uns und den anderen hadern?

In solchen Situationen haben wir Bedürfnisse, die wir nicht erfüllt bekommen.

Mitunter können diese unerfüllten oder unerfüllbaren Bedürfnisse Angst hervorrufen.

Diesen Bedürfnissen müssen wir Augenmerk schenken und uns mit ihnen auseinandersetzen.

Sind sie es tatsächlich, die die Ursache unseres Leidens sind? Oder ist es nicht vielmehr das *Festhalten* an ihnen.

Was würde passieren, wenn es uns gelänge, die Bedürfnisse, die wir nicht realisieren können, einfach loszulassen?

Der Buddhismus ist der Auffassung, dass all unser Leiden vom Anhaften oder auch Festhalten an Dingen und Wesen kommt.
Ich kann das nachvollziehen und übernehme deshalb diese Auffassung.

Was bedeutet dieses „Anhaften"?
Ich möchte versuchen, es an einem Beispiel zu erläutern.
Sehr viele Eltern kennen das Problem, ihre Kinder gehen zu lassen.
Wir haben als Eltern so viel eigenes Leben in unsere Kinder investiert und dann, wenn sie erwachsen sind, gehen sie aus dem Haus und wir bleiben zurück und sollen uns möglichst aus ihrem Leben heraushalten. Manchmal gehen sie weit weg in andere Länder, um sich dort zu verwirklichen.
Sie führen nun ihr eigenes Leben und haben wenig Zeit für uns oder sind möglicherweise sehr schlecht erreichbar. Das schmerzt uns manches Mal sehr.

War das Ganze ein schlechtes Geschäft für uns?
Warum fällt es uns so schwer, geliebte Menschen oder auch Tiere gehen zu lassen? Warum hängen wir so sehr an Dingen?

Um die Erklärung dafür zu finden, müssen wir an unseren Anfang zurück.

Unser Weg beginnt im Mutterleib als Embryo. Dort sind wir geschützt, es ist warm, wir werden genährt. Der Embryo ist mit der Mutter eins. Der erste Schock ist die Geburt. Obwohl ein erstes Getrenntsein passiert, fühlt sich das Baby immer noch eins mit der Mutter. Nahrung ist Mutter, Wärme ist Mutter, Umwelt ist Mutter.

Mit dem Wachstums des Kindes vollzieht sich seine Entwicklung, insbesondere die seines Bewusstseins. Nach dem zweiten Lebensjahr erkennt es, dass es eine eigenständige Person ist, so, wie andere Familienmitglieder. Wir bemerken das unter anderem an dem eigenen Willen, den es entwickelt und auch durchsetzen möchte.

Dieses Getrenntsein vom Ganzen macht Angst. Ein tiefer Wunsch, dieses Abgetrenntsein zu überwinden, treibt uns an, auf irgend eine Weise mit der Gemeinschaft eins zu werden. Das ist durchaus im Interesse der Natur, denn wie oben schon erwähnt, können wir als Menschen nur in der menschlichen Gemeinschaft existieren und auch werden.

Erinnern wir uns nochmal an die Physik: Aus einem Feld, das nur aus Energie besteht, formt sich Materie als verdichtete Energie. Dieser Prozess stellt genauso eine Vereinzelung von Energie dar.
Ebenso werden wir aus der Einheit hervorgebracht und haben daher ganz offenbar ein wesensimmanentes Bestreben, wieder in die Einheit zu kommen.
So suchen wir unablässig nach dem, der oder das, was uns ganz vollständig, macht. Die Natur mit ihren Archetypen unterstützt uns dabei.

Um von anderen Menschen angenommen, gemocht oder gar geliebt zu werden, lassen Menschen sich deshalb vieles einfallen. Männer versuchen zum Beispiel, die Zuwendung anderer, insbesondere von Frauen, durch Erfolg Macht und Reichtum, die ihnen eine besondere gesellschaftliche Stellung verleihen, zu erringen.
Frauen verwenden viel Energie darauf, durch Schönheit attraktiv zu sein. Wieder Andere sind darauf bedacht, gutes Benehmen zu nutzen oder einfach interessant oder aber bescheiden und hilfsbereit zu sein. (Vgl. 38)
Dann gibt es noch Jene, die versuchen, die Einheit mit dem All-Selbst zu finden durch Trancezustände, Drogenkonsum, Sex oder Rituale, die von alters her die Funktion hatten, die Einheit, wenn auch nur für kurze Zeit, immer wieder herzustellen.
E. Fromm beschreibt die Wirkung von Ritualen oder anderen orgiastischen Zuständen wie folgt: „Alle Formen der orgiastischen Vereinigung besitzen drei Merkmale: Sie sind intensiv, ja sogar gewalttätig; sie erfassen die Gesamtpersönlichkeit, Geist und Körper; und sie sind vorübergehend und müssen regelmäßig wiederholt werden." ...."Es ist eine Vereinigung, in der das individuelle Selbst

weitgehend aufgeht und bei der man sich zum Ziel setzt, der Herde anzugehören." (40, S. 23)

Das resultiert aus einem tiefen Bedürfnis, nicht isoliert zu sein.

In unserer modernen Gesellschaft sind Rituale fast verschwunden, und so wächst die unbefriedigte Sehnsucht nach Einheit.

Wir haben Angst, irgend etwas von unseren Errungenschaften, die uns für andere interessant machen, abzugeben. Wir halten sie fest, weil wir glauben, ohne sie würde unser Wert als Mensch geringer werden.

Es werden verschiedenste Wege genutzt, Freunde zu gewinnen. Dafür sind wir bereit, einiges zu tun. Meistens aber erwarten wir auch etwas von den Anderen für unsere Zuwendung.

Unsere Gesellschaften sind darauf gegründet, Tauschgeschäfte zu machen. Diese Tauschgeschäfte sollten für beide Seiten günstig sein. Diese Art des Tauschhandels finden auch in den zwischenmenschlichen Beziehungen statt. Es wird versucht, auf dem Beziehungsmarkt, egal welcher Art, das beste für den eigenen Marktwert zu bekommen.

Fälschlicherweise wird das auch als Liebe bezeichnet. Es mag eine unentwickelte Variante von Liebe sein, so wie es auch die Form der rezeptiven Liebe ist, in der man nur haben aber nichts geben möchte, ähnlich wie das Kind die Liebe der Eltern ganz selbstverständlich einfordert.

Die Art, wie wir in der Lage sind, zu lieben, hängt von unserem eigenen Entwicklungsstand ab.

Die Angst, allein zu sein, macht uns zu Getriebenen und die eben beschriebenen unentwickelten Formen der Liebe verschlimmern unsere Angst, da sie nicht wirklich und nicht dauerhaft zur Einheit führen. Damit uns die Anderen nicht ausstoßen oder der geliebte Partner uns nicht verlässt, wird versucht, Abhängigkeiten zu schaffen. So werden Beziehungen zu einem Gefängnis, das die Selbstverwirklichung behindert oder gar verhindert. Im letzteren Fall können daraus in der

Lebenszeit jenseits der Fünfziger Depressionen entstehen. Dann nämlich, wenn man sich seines vertanen Lebens bewusst wird.

Wenn die oben beschriebenen Formen unentwickelt sind, wie sieht dann die entwickelte bewusste Form der Liebe aus und wie gelangen wir dorthin?

„Liebe ist die tätige Sorge für das Leben und das Wachstum dessen, was wir lieben." (ebenda S. 48)

Das bedeutet, dass Liebe aktives Sein ist, nicht das passive Empfangen. Ich freue mich, geben zu dürfen, ich freue mich, dass der Andere mein Geben annimmt, ich bin eben nicht darauf aus, nur zu geben, damit ich etwas bekomme. Ich fühle mich auch nicht als Dummchen, wenn ich gebe ohne auf den Gegenwert zu achten. Ganz im Gegenteil habe ich die Fähigkeit entwickelt, gerne und von Herzen zu geben, vorausgesetzt, ich tue das nicht, um mich beliebt zu machen, sondern ohne Absicht in Bezug auf mich selbst. Die Menschen, die dem Selbst schon nahe gekommen sind, verlieren ihre Angst und damit sind sie in der Lage, Liebe ohne Absicht zu geben.
Die unbedingte Mutterliebe ist am ehesten mit dieser Form der Liebe zu vergleichen, ebenso die Nächstenliebe.

Die Grundlage für die Liebe sind Fürsorge, Verantwortungsgefühl und Achtung vor dem Anderen, aber auch das Verstehen des Anderen im Herzen und im Geist.
Diese wunderschönen Worte bedeuten in der Praxis, dem anderen ohne Groll die Möglichkeit, die Zeit und den Raum zu geben, sich selbst zu verwirklichen.
Es gilt also, nicht immer darauf eifersüchtig zu schielen, dass der andere nur ja nicht zu viel Zeit mit Dingen verbringt, die mich für diese Zeit ausschließen.

Nun werden viele Leser einwenden, dass das Utopie und gar nicht zu schaffen sei.

Das Leben hat mir gezeigt, dass es zu schaffen ist, allerdings ist es schwer zu erreichen. Ohne Mühen ist dieser Preis nicht zu gewinnen. Auch die Liebe unterscheidet sich da nicht von anderen Meisterschaften.

Diese Form der Liebe kann man auf alle Bereiche übertragen.

Schauen wir auf Menschen, die ihre Arbeit wahrhaft lieben. Sie geben sich vollkommen dieser Tätigkeit hin und gehen darin auf, auch ohne zu wissen, ob und welche Früchte sie tragen wird, wie groß der Zeitaufwand ist und ob sie je ein Äquivalent dafür bekommen werden. Sie sind in diesem Tun einfach glücklich.

Nicht zu verwechseln mit Workoholics, die irgendwann völlig leer und ausgebrannt sind.

Ersteren fließt aus ihrer Tätigkeit Energie zu, der zweiten Kategorie wird Energie entzogen.

An dieser Stelle möchte ich noch einmal auf die Elternliebe zurück kommen.

Wenn wir unterstellen, dass Eltern ihre Kinder wahrhaft lieben, dann kommt es ihnen darauf an, dass ihr Kind seine Fähigkeiten voll entfalten kann, sich zu einem starken, unabhängigen Menschen entwickelt. Dazu gehört auch, dass sich das Kind vom elterlichen Haus löst, um ein eigenes Leben aufzubauen, egal wo und auf welche Weise.

Eltern, die das nicht so sehen können, müssen sich fragen, ob ihre Liebe zum Kind in Wahrheit nur den eigenen Narzissmus befriedigt oder sie das Kind als eine Art Besitz ansehen. Womöglich sehen sie eine Verpflichtung für das Kind, das, was sie selbst aufgebaut haben, fortzuführen, um damit auch etwas Unsterblichkeit zu erlangen.

Das hat nichts mit Liebe der dritten Art zu tun.

Auch ist es ein Streben ohne wirkliche Zukunft.

Erinnern wir uns wieder an das Kapitel Seele und Physik.

Dort wurde klar, dass es nichts Ewiges gibt. Alles, was wir in der materiellen Welt schaffen, hat nur vorübergehenden Charakter. Warum also sollen andere gezwungen werden, auf ihr Leben zu verzichten und

dieses endliche, zum Zerfall bestimmte Werk festzuhalten? Oder an uns, die wir ebenfalls sehr endlich sind, festzuhalten?
Auch ist – hoffentlich überzeugend – dargelegt worden, dass alles seine eigene Weltlinie hat. Wir haben nicht das Recht, einzugreifen und diese zu verändern. Jeder muss *seiner* Weltlinie folgen.
Hilfe können wir geben, wenn wir gebeten werden.

In der Natur ist das Loslassen etwas völlig Normales.
Ich hatte vom Fenster meines Wohnzimmers einen herrlichen Blick auf einen kleinen See, der Heimstatt für ein Schwanenpaar war. Jedes Frühjahr wurde das Nest bebrütet, der Vater war nicht nur für Futter verantwortlich, er brachte den Jungen auch das Fliegen bei. Als sie es dann am Ausgang des Sommers beherrschten, wurden sie von ihren Eltern weg begleitet, irgendwohin an einen Ort, an dem sich junge Schwäne trafen, um eigene Familien zu gründen. Das Elternpaar kam nach ein paar Tagen zurück und setzte sein gewohntes Leben auf dem kleinen See fort.
Das war mir ein gutes Gleichnis für meine eigenen Probleme, meine Kinder loszulassen. Ich hatte ihnen Flügel gegeben und das Fliegen beigebracht, nun musste ich akzeptieren, dass sie diese Flügel benutzten, um sich in der Welt zu verwirklichen.

Wenn wir unsere Aufgaben als Eltern erfüllt haben, sind unsere Kinder fähig geworden, ein eigenes selbständiges Leben aufzubauen.
Wir hingegen dürfen in unserem eigenen Leben weitergehen.

Wie ist es zu schaffen, die Liebe der dritten Art zu entwickeln? Und warum sollten wir sie anstreben?
Diese Art der Liebe ist eine Einstellung zu sich selbst und zu anderen.
Sind wir zu dieser Art Liebe fähig, macht es uns auch keine Probleme, loszulassen und damit unser Leiden zu beenden.
Das Wissen um unser Selbst und die Annäherung an unser Selbst sind Voraussetzungen, die Liebe der dritten Art zu entwickeln.
Zunächst muss ich mich selbst kennen, so weit es eben möglich ist.
Daraus entwickelt sich eine Selbstliebe und dann – erst dann- sind wir

fähig, andere wahrhaft zu lieben, Mitgefühl, nicht Mitleid ist gemeint, zu entwickeln und uns so mit anderen zu vereinen.

Es scheint ein Widerspruch zu sein, dass ich mein Selbst lieben muss, um andere lieben zu können. Aber die Crux ist, dass ich meine eigene Persönlichkeit entwickeln muss, um zu meinem Selbst zu gelangen. Das Ego muss voll entwickelt werden, was Abgrenzung und Vereinzelung bedeutet. Dieser Prozess wird in der Psychologie „Individuation" genannt.
Erst im Individuationsprozess, in dem sich auch das Bewusstsein entwickelt und reift, kann ich mein Selbst erkennen. Und in dieser Selbsterkenntnis bin ich in der Lage, mein Ego immer etwas mehr loszulassen bzw. zu überwinden.

In den ersten beiden Kapiteln wurde dargelegt, dass der Kern des Selbst im Kollektiven Unbewussten liegt.
Folglich wird man, wenn man sich seinem Selbst annähert, sich auch dem kollektiven Selbst, dem All-Selbst annähern.
Auf diese Weise wird Abgetrenntsein überwunden.
Also können wir wahrhafte Liebe nur in uns selbst finden, was gleichbedeutend mit dem All-Selbst ist, nie außerhalb.
Der Lohn für die harte Arbeit mit sich selbst ist eine wunderbare innere Zufriedenheit. Gelassen kann man das Leben nehmen, wie es ist - ohne Angst. Die Zeit des großen Leidens ist vorbei.

Diese Aussage muss in sofern relativiert werden, als ja alles in Entwicklung ist und damit immer wieder neue Aufgaben auf jeden von uns zukommen. Aber der Umgang mit neuen Herausforderungen ist ein anderer als vorher. Das trifft auch für den Umgang mit unseren Mitmenschen und der Umwelt zu.
Die Verbundenheit mit den anderen fühlend, ist es uns Menschen möglich, achtsam und verantwortungsvoll mit dem, was uns umgibt, umzugehen.

Es ist schon lohnend. Machen wir uns auf den Weg zu uns selbst.

III.3. Wer bin ich?

Es gibt ganz sicher viele Wege, die zum Selbst führen.
Ich maße mir nicht an, zu meinen, ich hätte *die* Lösung gefunden.
Ein paar Wegsteine möchte ich setzen, ein paar Hinweise geben.

Zunächst einmal erweckt die Frage den Anschein, sie sei leicht zu beantworten.
Haben Sie schon mal versucht, sich selbst zu beschreiben, ihre Stärken und Schwächen zu benennen?
Ich für meinen Teil habe es versucht und fand das keineswegs einfach.
Besonders junge Menschen haben damit Schwierigkeiten. Wenn es um die Berufswahl geht, stehen sie vor einem großen Rätsel und fragen sich, was sie eigentlich wollen und sollen. Manche brauchen ein oder mehrere Jahre Zeit, um das herauszufinden. Sie beginnen eine Ausbildung oder ein Studium, das sie nach einiger Zeit wieder abbrechen, weil sie erkannt haben, dass es nicht das Richtige ist.
Andere wieder lernen einen Beruf, in dem man gut verdienen kann oder der auf dem Markt nachgefragt ist. Später fühlen sie sich unglücklich, der alltägliche Weg zur Arbeit fällt schwer, die Zeit auf der Arbeit will nicht vergehen und vieles mehr. Sie möchten einfach nicht mit der Tätigkeit, die momentan ihr Broterwerb ist, ihr ganzes Leben verbringen.
Sie fühlen sich lebendig begraben.
Dieses Problem betrifft mehr Menschen, als man denkt.
Am Ende eines solchen inneren Konfliktes steht, wenn er ungelöst bleibt, steht Krankheit.
Es ist ein Ungleichgewicht der inneren Pole entstanden.

In einem ersten Teil möchte ich mich der Frage widmen, wie man auf einfache Weise herausfinden kann, wo Stärken und Schwächen bezüglich der Fähigkeiten liegen, und in einem nächsten Teil, wie man einem Ungleichgewicht in der Seele entgegen wirken kann.
Man nehme sich zwei Blatt leeres Papier und unterteile diese jeweils in zwei senkrechte Spalten. Auf dem ersten Blatt schreibt man oben in die linke Spalte: Was habe ich immer sehr gern gemacht. In die zweite

Spalte wird als Überschrift geschrieben: Was habe ich nie gern gemacht. Die linke Spalte auf dem zweiten Blatt bekommt die Überschrift: Was ist mir immer leicht gefallen. Die rechte Spalte wird überschrieben mit: Was ist mir immer schwer gefallen.

Wenn man sich so vorbereitet hat, lässt man sein Leben vor sich ablaufen. Wichtig sind die Kinderjahre, da das Kind während dieser Zeit noch mehr den unbewussten Impulsen folgt. Aber auch die Jugendjahre sind von Bedeutung.

Es wird in die Spalten zum Beispiel eingetragen, wie das Spielverhalten war: Lieblingsspielzeuge, Lieblingstätigkeiten, wovor hat man sich gedrückt, was ging nicht von der Hand, bei welchen Tätigkeiten war man erfolgreich, bei welchen nicht usw.

Es kommt darauf an, die einzelnen Tätigkeiten zu betrachten und sich dafür viel Zeit zu nehmen. Man muss das Blatt nicht vollständig in einem Zug ausfüllen, es kann durchaus zur Seite gelegt werden und wenn einem wieder etwas dazu einfällt, schreibt man weiter.

Ist man dann der Meinung, man hätte alles erfasst, legt man beide Blätter für einige Zeit beiseite und widmet sich anderen Dingen.

Dann nach Tagen oder Wochen, das kann unterschiedlich sein, liest man beide Seiten noch einmal. Jetzt erkennt man einen roten Faden, der sich durch das Leben zieht, sowohl bei den Stärken wie auch bei den Schwächen.

Damit ist man besser in der Lage, Entscheidungen bezüglich des eigenen Lebensweges zu treffen.

Bei vielen meiner Klienten hat diese Methode gut funktioniert.

Was aber tun, wenn man sich innerlich nicht gut fühlt, aufgewühlt oder gar zerrissen, kraftlos, ohne Energie ist?

Natürlich kann es sehr unterschiedliche Ursachen dafür geben. Deshalb ist es wichtig, zunächst abklären zu lassen, ob es körperliche Gründe, etwa Krankheiten gibt.

Wenn dies nicht der Fall ist und der Arzt Ihnen sagt, dass es psychosomatisch sei, dann können nachfolgende Hinweise helfen.

Im ersten Kapitel wurde die Beziehung zwischen den beiden Polen Yin und Yang erläutert.

Diese beiden Pole sind duale Pole, ähnlich den Polen in einer Stromleitung. Der Yang-Pol entspricht dem Pluspol, der Yin-Pol dem Minuspol. Die beiden Pole machen es möglich, dass Energie fließt.

Haben wir nun Probleme mit unserer Energie, muss etwas mit den Polen nicht in Ordnung sein.

Wie kann es dazu kommen? Dazu einige Beispiele.

Stellen wir uns vor, eine Frau ist Managerin oder Führungskraft. Diese Tätigkeit hat vor allem Yang-Charakter. Sie ist geprägt von Willen, Entscheidungen und Entschlusskraft, Bewegung, Auseinandersetzung u. v. m. Diese Eigenschaften, die sie dafür entwickeln muss, entsprechen dem männlichen Anteil ihrer Seele.

Es ist durchaus positiv, wenn eine Frau ihre männliche Seite entwickelt. Wenn das jedoch sehr einseitig erfolgt, führt das zu einem Ungleichgewicht der beiden Pole.

Interessanterweise reagieren viele Frauen instinktiv richtig und versuchen, einen Ausgleich zu finden. Vor Jahren hat eine Studie in Japan deutlich gemacht, dass japanische Frauen in Führungspositionen oder Berufen mit Yang-Charakter, sehr gern am Computer Spiele spielen, in denen sie virtuell Gärten anlegen, Pflanzen großziehen und ernten. Das wiederum sind Tätigkeiten mit Yin-Charakter. Sie versuchen also instinktiv, das Manko im Yin-Bereich auszugleichen.

Inwieweit virtuelle Spiele dazu beitragen können, darauf komme ich später zurück.

Ein anderes Beispiel: Eine Frau ist Kindergärtnerin. Die dazu erforderlichen Tätigkeiten haben Yin-Charakter. Sie entwickelt also mit diesem Beruf ihre weibliche Seite der Seele.

Wenn sie das ausschließlich tut, kommt es genauso wie in dem Beispiel oben zu einem Missverhältnis, einem Defizit im Yang-Pol. Das kann durchaus zu einem Burnout führen.

Für sie wäre es deshalb wichtig, sich in der Freizeit mit Yang-Tätigkeiten zu beschäftigen.

Das könnte Sport sein, der Bewegung bedeutet, oder Hobbys, in denen sie Entscheidungen treffen muss und etwas produktiv schafft. Damit ist nicht künstlerische Tätigkeit gemeint, denn diese hat ebenfalls Yin-Charakter.

Sehen wir uns im Weiteren männliche Beispiele an, zunächst den Mann, der Manager ist.
Das dies Yang-Tätigkeit ist, wissen wir bereits. Wenn er nicht darauf achtet, seinen weiblichen Anteil der Seele zu entwickeln, wird dies ebenfalls zu Krankheit oder Burnout führen. Nicht der exzessive Sport ist hier die Lösung, denn der ist ebenfalls Yang, sondern die Beschäftigung mit der Kunst, für die er sein Gefühlsleben entwickeln muss. Aber auch Gartenarbeit, die Arbeit mit Pflanzen, ist Yin. Kochen gehört ebenfalls dazu.

Umgekehrt wird ein Mann, der einen Pflegeberuf ausübt, der ganz klar Yin-Charakter hat, ein Defizit in der Yang-Seite seiner Seele spüren, wenn er nicht für einen angemessenen Ausgleich sorgt. Ihm könnte Bewegung, Sport, durchaus auch eine Kampfsportart, helfen oder Holz hacken, alles, was die Yang-Seite stärkt.

Wenn das Defizit eines Pols nicht ausgeglichen wird, ist ein Burnout wahrscheinlich.
Nur, wenn beide Pole annähernd ausgeglichen stark sind, fließt genügend Energie.
Deshalb können wir uns viel Kummer ersparen, wenn wir auf diesen Ausgleich achten.

Ich habe oft den Begriff Burnout gebraucht und möchte deshalb etwas mehr dazu sagen.
Der Burnout ist in meinem Verständnis ein seelischer Infarkt. Die Erfordernissen im Außen entsprechen nicht mehr den inneren Bedingungen. Man wird innerlich buchstäblich zerrissen.

Im Ergebnis eines solchen Infarkts fühlt man sich kraftlos, müde, leer, antriebslos. Die Leere resultiert aus einem starken Zweifel an der Sinnhaftigkeit dessen, was man tut.

All die genannten Symptome deuten auf eine Energieleere, eine Blockade im Energiefluss hin. Die beiden Pole Yang und Yin sind so ungleichgewichtig, dass Energie kaum noch fließen kann. Ich sage bewusst „kaum", denn wäre der Energiefluss völlig zu Stillstand gekommen, wären wir tot.

Sogyal Rinpoche beschreibt in dem tibetischen Buch vom Leben und vom Sterben den Sterbeprozess als einen Prozess, in dem sich Yin und Yang durch Aufsteigen und Absinken miteinander vereinigen. In dem Augenblick der Vereinigung ist der Mensch tot. (vgl. 1)

Hieran ist zu sehen, wie wichtig es ist, Yin und Yang im Gleichgewicht zu halten und so für einen guten Energiefluss zu sorgen.

In meinem Verständnis ist ein Burnout die letzte Warnung unseres Körpers und unserer Seele und die letzte Möglichkeit, etwas zu ändern, ansonsten war es das.

Wie kann es nun zu einer so schwerwiegenden Störung kommen?

Ich hatte weiter oben geschrieben, dass uns aus einer Tätigkeit, die unseren inneren Bedingungen entspricht, die wir also gern verrichten und die uns leicht fällt, Energie zufließt. Folglich fließt Energie ab, wenn wir im Außen in einer Weise tätig sind, die unseren inneren Bedingungen nicht entspricht.

Ein Beispiel für das bessere Verständnis:

Ein kreativer Mensch mit sehr guten Ideen beschließt, ein eigenes Unternehmen zu gründen. Solange es um die Realisierung der Ideen geht, läuft alles gut.

Aber als Unternehmer hat man auch noch andere Aufgaben: Da sind das Finanzamt, die Steuern, die Buchführung, man muss sich mitunter sehr aggressiv gegen Mitwettbewerber durchsetzen, man hat vor Gericht Prozesse zu führen und vieles mehr.

Diese Art Tätigkeiten sind eher die eines Verwalters und Managers und passen nicht zum Charakter visionärer Arbeit, ja sie sind sogar diametral entgegengesetzt.

In der Regel möchten Visionäre mit Ideen und Macher nichts mit Verwaltung zu tun haben.

Handelt sich es dann noch um einen Menschen, der innerlich sehr fair und gerecht eingestellt ist, dann kann ihm der Teil der Unternehmerschaft, der mit Wettbewerb und rechtlichen Auseinandersetzungen zu tun hat, schwer zu schaffen machen. In dieser Arbeit fließt Energie ab.

Dieses Modell lässt sich auf jedes beliebige andere Beispiel übertragen. Liebt ein Mensch die Bewegung, wird er es schwer ertragen können, den ganzen Tag am Schreibtisch zu sitzen. Er wird darüber unglücklich. Dann kommt er an einen Punkt, an dem er erkennt, dass er an seinem Leben vorbei lebt. Wenn er jetzt nicht die Notbremse zieht, sondern weiter auf eingefahrenen, sicheren Gleisen fährt, zerreißt es ihn irgendwann innerlich. Der Burnout ist da.

Es gibt Auffassungen, das der Burnout das Resultat einer Überforderung sei.

Das ist meines Erachtens zu kurz gesehen.

Wodurch kommt denn eine Überforderung zustande?

Immer dann, wenn die betreffende Person den Anforderungen mit ihren inneren Gegebenheiten nicht gerecht werden kann. Sie übt dann die falsche Tätigkeit aus. Womit wir wieder bei den oben genannten Ursachen wären.

Der Burnout ist dann eine letzte Chance, etwas in seinem Leben zu ändern.

Sicher ist es in Zeiten hoher Arbeitslosigkeit nicht einfach, aus einer Anstellung herauszugehen, noch dazu, wenn sie einträglich und sicher ist.

Dennoch kommt man nicht darum herum, etwas zu ändern.

Ich hatte in den vergangenen Jahren in meiner Praxis öfter mit dem Zustand „Burnout" zu tun und hatte Gelegenheit, dieses Syndrom ausführlich zu studieren.

Was kann getan werden, um sich zu befreien?

Zunächst ist Rückzug zur Besinnung angesagt. Dieser Rückzug muss konsequent sein, denn Betroffene berichten, dass sie die Außenwelt kaum noch ertragen konnten. Abends bestand das Bedürfnis, ohne Licht auf einer Couch zu sitzen, was ausgesprochen erholsam für die Patienten war. Jeder Reiz von außen sollte unterbleiben.

Diese Ruhe hat gut getan.

Ich halte deshalb gar nichts von manchen Ratschlägen, die den Betroffenen empfehlen, ihr soziales Umfeld zu pflegen, herauszugehen und sich nicht einzuigeln.

Nein. Das Gegenteil ist notwendig. Zurückziehen, um zu sich selbst zu kommen, sich wiederzufinden.

Der Rückzug muss begleitet sein von einer Umstellung der Lebensweise. Meine Erfahrungen sind, dass die Natur dabei sehr hilft, gesund zu werden.

Täglich mindestens eine Stunde spazieren gehen mit großer Achtsamkeit. Sehr langsam und mit vielen Pausen durch die Natur gehen, stehen bleiben, um Vögel zu hören oder um die Blätter einer Pflanze mit den Händen zu fühlen, den Geruch der Luft bewusst wahrzunehmen oder an den Blüten von Sträuchern zu riechen.

Es kommt darauf an, die Sinne und das Fühlen wieder zu aktivieren und so langsam wieder in Kontakt mit dem Inneren zu kommen. Viele wissen instinktiv, was zu tun ist, aber sie müssen es dann auch tun.

Auch das Bedürfnis, etwas gestalten zu wollen, gehört dazu. Unbedingt diesem Bedürfnis nachgehen.

Es wird lange dauern, bis man spürt, wieder etwas mehr Kraft zu haben. Diese Geduld muss aufgebracht werden.

Auch die Ernährung ist zu verändern. Regelmäßiges gesundes Essen mit mindestens einer Vollwertmahlzeit, müssen wieder zur Gewohnheit werden, vor allem viel Warmes. Suppen und heiße Getränke stärken das Verdauungssystem. In diesem Zusammenhang möchte ich darauf hinweisen, dass Rohkost eher belastend für das Verdauungssystem ist.

Für gesunde Menschen sicher verträglich, jedoch nicht unbedingt abends, da sonst Fuselalkohole, die aus dem Rohmaterial gebildet werden, die die Leber nachts belasten. Kranke sollten jedoch Rohkost meiden und sich auf gedünstetes Gemüse und gekochtes Obst beschränken, was leichter verdaulich ist.

Man sollte sich selbst sehr bewusst versorgen, denn Körper und Seele, die Geschundenen, nehmen wahr, dass man sich um sie kümmert. Nahrungsergänzungsmittel, wie Calcium, Eisen, Magnesium, Zink, Vitamin C und hochdosierter Vitamin B-Komplex, sind sinnvoll.

Spürt man dann etwas mehr Kraft, darf ein leichter Sport begonnen werden, zum Beispiel Nordic Walking, Joggen, Gymnastik oder Ähnliches. Das baut den Körper langsam auf.

Nun kommt jedoch der schwierigste Abschnitt, nämlich eine Antwort auf die Sinnkrise zu finden.

Für manche kann philosophische Literatur hilfreich sein. Es gab und gibt eine Reihe von Philosophen, die sich mit dem Sinn des Lebens auseinandergesetzt haben.

Ich persönlich finde auch die Beschäftigung mit den großen Weltreligionen interessant. Arbeitet man das Gemeinsame heraus, ist eine ganz einfache Antwort das Ergebnis: Es geht in allen Religionen immer um den „guten Menschen", um die Eigenschaften, mit denen er ausgestattet ist und denen wir nachstreben sollten. Jesus und Buddha waren Menschen. In der indischen Bhagavad-Gita werden Arjuna die Regeln erklärt, die er befolgen soll, um ein guter weiser Mensch zu werden, zur Erleuchtung zu gelangen. Auch im Islam gibt es solche Regeln.

Es liegt mir fern, eine Empfehlung zu geben, sich etwa einer Religion anzuschließen. Mir geht es darum, zu zeigen, welche zentralen Eigenschaften wir erreichen sollen, um wahrhaft Mensch zu sein. Es ist die Fähigkeit, Mitgefühl zu entwickeln und damit auch zur Nächstenliebe fähig zu sein.

Das beginnt bei jedem selbst. Zunächst einmal muss ich mich selbst lieben, um andere lieben zu können.

Im Zustand des Burnout habe ich das nicht getan. Ich habe mich selbst vergewaltigt, meinen Körper und meine Seele, in dem ich mich gezwungen habe, jemand anderer zu sein, als ich wirklich bin, anderes zu tun, als ich wirklich möchte.
Diese schmerzhafte Erkenntnis muss reifen, das muss klar werden, erst dann bin ich zur Veränderung bereit.
Ich habe Patienten erlebt, die bitterlich geweint haben, als ihnen deutlich wurde, was sie sich eigentlich angetan hatten.

Ist klar geworden, dass ein Teil des vergangenen Lebens einen nicht passenden Inhalt hatte, kann damit begonnen werden, nach dem zu suchen, was das zukünftiges Leben erfüllt.
Auch hierbei muss jeder in sich selbst suchen.

Am Anfang dieses Kapitels habe ich eine Methode aufgezeigt, wie man herausfinden kann, wofür man gemacht ist.
Nachdem man auf diese Weise mehr Klarheit über seine Fähigkeiten und Defizite gewonnen hat, kann damit begonnen werden, Wege zu finden, diese Fähigkeiten in die Welt zu bringen, möglichst nicht zum Nachteil anderer Menschen.
Es kann hilfreich sein, bei anderen Menschen Rat einzuholen, vor allem bei Menschen, die einen kennen. Allerdings sollte man sich nicht abhängig von deren Rat machen.
In der vernetzten Welt heute kann auch das Internet zum Auffinden von Möglichkeiten dienen.
Es gibt Lebenssituationen, die nur unter größten Schwierigkeiten aufzulösen sind, vor allem, wenn viele andere Menschen ebenfalls davon abhängen.
In solchen Fällen können eventuell virtuelle Spiele helfen, einen Ausgleich und damit Befriedigung zu finden.

Warum kann so etwas funktionieren?

Die Seele unterscheidet nicht zwischen Traum und Wirklichkeit. Sie agiert in Bildern und Symbolen, weshalb Traumgeschehen

Seelenwirklichkeit ist. Insbesondere die katathym-imaginative Psychotherapie kann deshalb für Zwecke der Heilung eingesetzt werden.

Für die Seele ist deshalb jede virtuelle Situation Realität, vor allem,
wenn Emotionen im Spiel sind. Dessen sollte man sich beim Film- und
Fernsehkonsum sehr bewusst sein.
Das Gefühl des Gruselns in einem Horrorfilm entsteht, weil unsere Seele
zutiefst berührt ist. Unsere Seele erlebt das Geschehen im Film als
Realität und speichert die entsprechenden emotionalen Erfahrungen ab.
Eine vergleichbare Wirkung haben virtuelle Spiele, wenn emotionale
Bedürfnisse beim Nutzer angesprochen werden.
Als Beispiel für derartige virtuelle Spiele hatte ich oben das Gärtnerspiel
genannt.
Es könnten auch Spiele angeführt werden, die das Erschaffen,
insbesondere bezogen auf die Architektur, von Städten möglich machen
oder aber den Aufbau eines Unternehmens und a. m.
Aber solche Spiele sind aber immer nur ein Krückstock, der helfen kann,
zu gehen, wenngleich auch nicht besonders gut.
Sie können nicht das Erlebnis in der Natur ersetzen, das Fühlen von
Blättern das Riechen an Blüten. Sie lassen nicht die Nähe eines
Menschen spüren. Sie sind kein Ersatz für das Leben.
Inwieweit virtuelle Spiele thearapeutisch eingesetzt werden können,
muss noch erforscht werden.

Im folgenden Abschnitt widme ich mich einer besonders wichtigen
Möglichkeit für Selbsterkenntnis und Selbstwirksamkeit.
Die Traumarbeit gibt uns unglaubliche Einblicke in die Tiefen unserer
eigenen aber auch der Kollektivseele.
Träume sind die Sprache der Seele. Beginnen wir, diese Sprache zu
lernen.

III. 4. Träume als Sprache der Seele verstehen

Träume können in vielfältiger Form auftreten: In Bildsequenzen, in bewegten Bildern, als einzelnes Bild, als Gefühl, als Symbole und manchmal, sehr selten, auch in sprachlicher Form.
Das Auftreten von Sprache im Traum erfolgt jedoch nicht als Mono- oder Dialog. Es sind zumeist nur kurze Sätze oder gar nur ein oder zwei Wörter und tritt eher selten auf. Ich denke, dass das Bewusstsein daran beteiligt ist, weshalb Sprache in Träumen auftreten kann.

Wir unterscheiden Tagträume, Nachtträume und luzide Träume.

Die Tagträume, die hier besprochen werden, sind nicht etwa mit irgendwelchen Schwärmereien zu vergleichen. Sie entstehen, wenn der Träumer auch tagsüber sehr entspannt ist und das Bewusstsein langsam nach hinten tritt. Dann können Bilder vor die Augen kommen.
Ähnliches kann in der Meditation passieren. Diese Bilder werden meist als Vision bezeichnet.
In einer speziellen psychotherapeutischen Arbeit nutzt man Tagträume. Es handelt sich um die Methode der Katathym imaginativen Psychotherapie (KIP). Das ist eines der wenigen tiefenpsychlogischen Verfahren, das in verschiedener Hinsicht sehr wirksam sein kann.
Es kann zur Klarheit über den Seelenzustand beitragen und damit zur Diagnostik. Hierin liegt eine überragende Funktion dieses Verfahrens. Es kann aber auch zur Heilung beitragen und über den Verlaufes des Heilungsprozesses Auskunft geben, und es kann vom Therapeuten durch bewusste Einstellung von Symbolen genutzt werden, um Prozesse im Unbewussten in Gang zu setzen.
Die Träumer lernen im Rahmen dieses Verfahrens auch, mit ihrem Unbewussten zu kommunizieren.
Für mich ist es jedes Mal verblüffend, wie gut und schnell sich unser Unbewusstes auf diese Kommunikation einlässt.
Sehr oft initiiert es in der Folge mehr Nachtträume, um Antworten auf Fragen zu geben und/oder Wege zur Lösung von Problemen

aufzuzeigen, möglicherweise auch, um den Träumer zu ermutigen, nicht aufzuhören, sich mit dem Unbewussten zu beschäftigen.

Diese Antworten sind jedoch am Anfang keineswegs leicht zu verstehen, denn das Unbewusste kann nur über Symbole und Bilder mit uns reden. Wir verstehen zunächst oft nicht, welche Bedeutung wir diesen beimessen sollen. Erst im Laufe der Zeit mit einiger Übung sind wir in der Lage, die Bedeutung zu erfassen.

Für den berühmten Psychologen C. G. Jung waren seine Träume die wichtigsten Ratgeber. Er hat seinen Träumen immer Beachtung geschenkt. Kein Traum war für ihn unsinnig oder absurd. Er vertrat die Auffassung, dass kein Traum zufällig geträumt wird, sondern dass jeder Traum seine Bedeutung hat. Deshalb richtete er sein Handeln an seinen Träumen aus.

Seine Erkenntnisse über Träume und die Symbole verwendete er in vielen seiner Werke.

Ich selbst habe auch die Überzeugung gewonnen, dass jeder Traum seine Bedeutung hat, auch wenn er uns noch so merkwürdig erscheint und wir seinen Sinn überhaupt nicht begreifen können, zunächst jedenfalls nicht.

Zum Verständnis der Bedeutung der Träume ist es notwendig, eine weitere Unterscheidung einzuführen: Die großen bedeutungsvollen Träume von kollektiver Wichtigkeit, die sogenannten archetypischen Träume, und die Träume von individueller Bedeutung.

Dieser Unterschied soll anhand zweier Träume demonstriert werden.

Traum a)
Ein großer Raum. Keine Wände, nur schwarz, wie das Universum. Auf dem Boden lag ganz viel Sand. Außer Herrn K. waren auch noch Andere da, die ich jedoch nicht identifizieren konnte. K. saß auf einem Stuhl mit Armlehnen, ähnlich einem Thron.

Ich saß im Sand und hatte ein dunkelrotes Gewand, das einem ägyptischen Kaftan glich, an.

Ich nahm mit der rechten hohlen Hand Sand und warf diesen leicht nach vorn, so dass dieser eine Spur machte. An den Stellen, wo ich den Sand entnommen hatte, entstand eine kleine Kuhle, die sich dann füllte mit karminrotem Pulver/ Puder, manchmal auch etwas gelblich.

Die Art, wie ich den Sand warf, hatte etwas Mystisches, vergleichbar mit Würfeln, die man für ein Orakel warf. Meine Person machte den Eindruck, als sei sie zeitlos und würde Wege bestimmen.

Jedes mal, wenn ich den Sand geworfen hatte, schrie K: „Hätte ich das gewusst, hätte ich vieles anders gemacht." Das wiederholte er mehrmals.

Ich stand nun neben K. zu seiner Rechten. Er orderte einen Stuhl, damit ich mich setzen konnte.

Traum b)

Bin in einem Hotel. Ich verpasse meinen Bus zum Weiterreisen, weil ich damit beschäftigt bin, meinen Kosmetikkoffer zu suchen.

Ich sehe die Busse abfahren. Sie sind schön in der Farbgestaltung mit rosa und creme und Palmen drin.

Ich stehe da mit meinem Koffer.

Nun beschließe ich, mich mit einem Ehepaar zusammen zu tun, denen das Gleiche passiert ist. Wie nehmen ein Taxi, um die Busse einzuholen.

Nachdem, was Sie inzwischen wissen, ist es für Sie unschwer zu erkennen, dass Traum a) ein archetypischer Traum ist, während es sich bei Traum b) um einen s. g. „kleinen Traum" handelt.

Worin liegt die Bedeutung von Traum a?

Sand hat als Symbol immer etwas mit Zeit und Vergänglichkeit zu tun. Der ägyptische Kaftan deutet auf alte Weisheit hin. So könnte es sich bei den Spuren im Sand um viele Leben handeln. Jedes Mal, wenn sich etwas, wie z. B. Leben materialisiert, entsteht in dem Loch Antimaterie (rotes Pulver), so sagt es uns die Physik. Was allerdings mit dieser Antimaterie später passiert, bleibt für mich noch ein Geheimnis.

Herr K. repräsentiert einen männlichen Aspekt, der für die Bewegung, das Voranschreiten im Leben verantwortlich ist. Er scheint gut entwickelt zu sein. Im Nachhinein hätte er offenbar vieles gern anders gemacht und so möglicherweise Fehler in den Leben vermieden.

Ziel jedes Lebens ist, beide Anteile, männlich und weiblich, gleichermaßen zu entwickeln und wieder zur Einheit zu gelangen.

Am Ende sind in dem Traum beide Seelenanteile gleichermaßen entwickelt. Die Intuition (weiblich) und der Geist (ausgedrückt durch den männlichen Aspekt) begegnen sich auf Augenhöhe. Das Selbst der Träumerin hat sich im Sinne des All-Selbst entwickelt.

Dieser Traum ist eine Bestätigung für den Weg der Träumerin, der den „Interessen" des Kollektiven Unbewussten entspricht.

Zur Bedeutung von Traum b:

Ein Hotel im Traum hat die Bedeutung eines vorübergehenden Aufenthaltes. Es geht darum, im Leben weiter voran zu gehen. Der Bus als Lebensfahrzeug ist recht beachtlich und durchaus komfortabel. Allerdings lenkt die Träumerin ihr Leben nicht selbst.

Da sie sich zu sehr mit „Kosmetik" im übertragenden Sinne beschäftigt, also mit äußeren Oberflächlichkeiten, verliert sie den Blick für den Weg und verpasst die Abreise bzw. den Aufbruch in ihrem Leben. Deshalb wäre es besser, sie würde nicht so viel Wert auf Maskerade legen und Gepäck als Last loslassen. Dann könnte sie zeitnah neue Wege beschreiten. Nun muss sie jedoch ein kleines Fahrzeug zur Hilfe nehmen, um noch den Anschluss zu bekommen und den großen Bus, das große Lebensfahrzeug, zu erreichen.

Der Traum gibt der Träumerin den Hinweis, sich nicht ablenken und dadurch aufhalten zu lassen.

<u>Was sind luzide Träume?</u>

Als luzid werden Träume bezeichnet, in die das Bewusstsein eingreift. Wir merken im Traum, dass wir träumen, und das Bewusstsein stellt Lösungen für Probleme oder Aufgaben bereit. Natürlich, das wissen wir

bereits, erhält es diese Lösungswege vom Unbewussten. In solchen Träumen kommunizieren Unbewusstes und Bewusstsein auf entwickelte Weise.
Ich möchte den luziden Traum an einem Beispiel demonstrieren.

Die Träumerin ist 59 Jahre alt.
„Ich bin unterwegs in einer Stadt. Peter hat zwei riesige Säcke aus Papier, die voller Geld sind. Einen Sack gibt er mir. Er ist so schwer, dass ich ihn nur mit einer Sackkarre transportieren kann.
Ich spüre ein Gefühl: Gier. Das ist meins, ich muss es in Sicherheit bringen.
(Luzider Teil) Ich denke plötzlich: Schon wieder die Gier. Das hattest du alles schon mal. Lass' es!
Da geht plötzlich neben mir ein glatzköpfiger, großer, etwas korpulenter Herr, etwa Mitte vierzig. Er will wissen, was in dem Sack ist. Ich sage es nicht und überlege, mit welcher überzeugenden Lüge ich ihn abwimmeln kann.
Dann bin zu Hause angekommen. Wir fahren mit dem Fahrstuhl nach oben.
Angekommen merke ich, dass ich den Wohnungsschlüssel im Auto vergessen habe.
Weil ich den Sack mit dem Mann nicht allein lassen möchte, bitte ich ihn, den Schlüssel aus dem Auto zu holen. Er tut es.
Wir sind in der Wohnung. (Luzider Teil, Lösung) Da denke ich: Warum mache ich mir diesen Kopf um das Geld? Es gehört mir nicht. Ich bewahre es nur auf, bis es abgeholt wird.
Jetzt war mir innerlich wieder wohl.
Als der Mann nochmal nach dem Inhalt des Sackes fragte, habe ich ihm geantwortet, dass ich den Sack nur aufbewahre, bis er abgeholt wird.
Da verschwand der Mann."

Es ist unschwer zu verstehen, dass es um eine archetypische Eigenschaft der Träumerin geht, nämlich die Gier, mit der sie sich seit einiger Zeit auseinander gesetzt hat. Diese Gier hat sie in Lebenssituationen geführt, die ihr nicht gut getan haben. Das hat sie erkannt und dieses Thema in ihr Bewusstsein integriert. Offenbar gab es noch Reste, die deutlich werden mussten. Der Mann stellt ebenfalls einen persönlichen Anteil ihres Animus dar, der offenbar Träger dieser Gier ist. Er verschwindet, als sie das Geld nicht als ihr zugehörig betrachtet, sondern nur als zeitweise vorhanden. Sie haftet damit dem Geld nicht mehr an und empfindet daher Gier nicht mehr.

Ein sehr schön deutlicher Traum, wie ich finde.

Hier noch ein zweiter Traum zur Veranschaulichung.
Die Träumerin ist 54 Jahre alt, fühlt sich erschöpft und sucht nach anderen Wegen.
„ Ich bin am Wasser auf einem Steg. In der Mitte ist ein Loch mit einem Durchmesser von ca. 1,50 m offen. Durch dieses Loch kommt man ins Wasser.
Ich weiß, dass ich mit einem Kajütboot wegfahren möchte, denn ich bin eingeladen.
Plötzlich erscheint in dem Loch eine Schlange. Sie ist schlank, schwarz und recht lang.
Sie verursacht in mir das Gefühl, sie sei gefährlich, sehr giftig.
Ich frage einen Mann in der Nachbarschaft, ob er sie heraus nehmen kann, damit ich ins Wasser steigen kann.
Er nimmt sie an einem Stab hinter dem Kopf heraus, schaut sie sich an und sagt: Diese kann ich nicht entfernen. Sie muss drin bleiben und tut sie wieder zurück. Sie kreist wieder an der Oberfläche.
(luzider Teil) Da geht mir durch den Kopf, dass diese Schlange zu mir gehört, ein animalischer Aspekt meiner Seele ist, zu dem ich in Beziehung treten muss.
Ich bat den Mann, sie noch einmal heraus zu nehmen, da ich sie streicheln wollte. Der Mann tat es. Ich streichelte die Schlange liebevoll, fühlte ihre kühle, glatte Haut. Es war nichts eklig an ihr. Die Schlange ließ es sich gefallen.
Als ich fertig war, ließ der Mann die Schlange wieder ins Wasser. Sie tauchte in die Tiefe."

Ohne auf die verschiedenen Aspekte dieses Traumes eingehen zu wollen, denn es geht hier nur darum, zu verdeutlichen, wodurch sich ein luzider von einem „normalen" Nachttraum unterscheidet, geht es in der Hauptsache um den Kontakt zu dem inneren Tier.

Erinnern wir uns. Weiter oben sagt L. v. Franz, dass *der* siegreich sein wird, der das hilfreiche Tier auf seiner Seite hat. Die Beziehung zu den Instinkten, zur Intuition, hilft uns, den richtigen Weg für uns zu finden. Das ist der Träumerin im Traum klar geworden und sie hat deshalb entsprechend gehandelt. Dafür spielt es keine Rolle, ob die Schlange giftig ist, denn möglicherweise braucht sie genau diese Seite der Schlange, um sich im Leben durchzusetzen. Indem sie das Tier annimmt, also diese animalische Seite, stellt es keine Gefahr mehr für sie dar. In diesem Traum fand Heilung, ein Stück Ganzwerdung statt.

Die katathym imaginative Psychotherapie, mit deren Hilfe wir tagträumen, bedient sich vieler Symbole, deren Bedeutung insbesondere für Inhalte des kollektiven Unbewussten anerkannt sind. Sie sind also archetypischer Natur.

Bilder und Symbole sind gebundene psychische Energie.

Auf die vom Therapeuten eingestellten Symbole reagiert das Unbewusste, indem es uns Bilder oder sogar Dramen zur Verfügung stellt, anhand derer einiges zum Seelenzustand des Träumers erfahren werden kann. Auch ist es möglich, mit ihrer Hilfe Prozesse in der Seele zu initiieren und so auch Heilung zu erfahren.

Das Unbewusste spielt dabei keineswegs eine nur empfangende Rolle. Mitunter regt es Prozesse *ohne* unser Zutun an.

Auf einige Symbole werde ich an späterer Stelle eingehen.

Auch zum Tagtraum möchte ich für das bessere Verständnis ein einfaches Beispiel bringen.

Im Anschluss an die Entspannung, durch die der Klient in einen Zustand kommt, in dem er seine Alltagslasten beiseite schiebt und sein

Bewusstsein dämpft, beauftragt der Therapeut den Klienten, sich eine Wiese vorzustellen, irgendeine Wiese und diese dann zu beschreiben. Sehr oft argumentiert der Klient, dass er schon sehr viele Wiesen gesehen hat und sich irgendeine davon aussuchen kann, und es deshalb wohl nicht aus dem Unbewussten kommen könne.

Meine Frage an den Klienten ist dann, warum er von den vielen Wiesen gerade diese ausgesucht hat? Sein Unbewusstes hat das entschieden. Mit der Beschreibung des Zustandes der Wiese, zum Beispiel ob sie stellenweise vertrocknet ist oder saftig grün, ob es Blumen und Insekten sowie Vögel gibt, Wind, Sonne, Regen usw., legt er den Zustand seines Gefühlslebens offen. Nun kann der Therapeut eingreifen, in dem er Aufgaben stellt, die den Zustand der Wiese verbessern.

Befragt am Ende der Sitzung, fühlen sich die Klienten in der Regel sehr wohl, wohler als am Beginn des Tagtraumes. Daran ist eine positive therapeutische Wirkung zu erkennen.

Das war nur ein kleines Beispiel, um die Vorstellung vom KIP zu verbessern.

Außerordentlich wichtig sind unsere Nachtträume. Wir alle träumen jede Nacht, nur erinnern wir uns daran oft nicht.

Träume scheinen eine essentielle Bedeutung für unsere Gesundheit zu haben.

Die Forschung schreibt den Träumen folgende Funktionen zu:

1. Diagnose des Zustandes der Seele.
Dazu habe ich oben ein Beispiel gegeben.

2. vergangene und gegenwärtige Ursachen dafür.
Es gibt weitere Symbole anhand derer man Aussagen dazu machen kann.

So symbolisiert die Quelle eines Baches oder Flusses die Mutter. Am Zustand der Quelle kann man die Beziehung des Träumers zur Mutter erkennen. Bei manchen Träumern existiert keine Quelle, sie müssen diese erst frei legen. Eine Interpretation hierzu erübrigt sich.

Es gibt weitere Symbole, die auf die Eltern-Kind-Beziehung hinweisen.

3. Vorwegnahme eines zukünftigen Zustandes, auch Heilung ist damit gemeint, die durchaus angekündigt wird.
Erinnern wir uns daran, dass das Unbewusste zeitlos ist und dass es alle Ereignisse kennt, da diese laut Physik schon vorhanden sind.
Deshalb ist es in der Lage, uns Bilder zu vermitteln, mit denen wir zum gegenwärtigen Zeitpunkt nicht viel anfangen können, deren Wahrheit wir jedoch später erkennen.
Ich habe mittels meiner Traumsammlung aus fünfzehn Jahren des öfteren feststellen können, dass sich Träume Jahre später realisiert haben. Lange vorher wurde die Zukunft aufgezeigt, ohne dass mir klar war, dass es sich um Zukunft handelte. Für die Seele ist es auch keine Zukunft, da sie zeitlos ist, nur ein Ereignis auf der Weltlinie.

4. Ratschläge zum eigenen Verhalten und zur Entwicklung unserer Persönlichkeit
Diese Funktion scheint mir eine der wichtigsten zu sein. Damit im engen Zusammenhang steht das

5. Ausbalancieren der Einseitigkeit des Bewusstseins.
Das hilft uns, zur Ganzheit zu gelangen. Der Traum dient somit der Selbstregulierung der Seele und damit letztendlich der Optimierung des Lebens.
Zur Demonstration, wie dies geschehen kann, möchte ich als Beispiel einen weiteren Traum anführen, der sowohl für Punkt 4 wie für Punkt 5 zutrifft.

„Ich sehe mich in einem Raum. Ein Junge sitzt an einem Computer. Ich sehe, wie er etwas, wie Gurte aussehend, ausklinkt. Mir ist klar, dass er abhauen will. Ich sage es seiner Mutter.
Das bin ich auch, in einem herrlich roten Kleid. Sie ist damit beschäftigt, sich auf einen Vortrag vorzubereiten, den sie halten soll.
Dann sehe ich den Vater. Auch er ist beschäftigt. Keiner hat Zeit für den Sohn.

Vater und Mutter streiten sich, machen sich gegenseitig Vorwürfe, dass jeder Seins macht und der Sohn dabei auf der Strecke bleibt.

Da haut der Sohn ab.

Der Vater überlegt, ob er erst seine Arbeit zu Ende machen soll, dann allerdings entschließt er sich, dem Sohn zu folgen.

Da sind viele Datenbahnen, wie in einem PC, eine Kreuzung, rote, blaue, weiße.

Der Vater weiß, welche der Sohn genommen hat. Er holt ihn ein. Er nimmt ihn in die Arme und küsst ihn. Beide sind sehr froh darüber und wollen nun zurück zur Mutter.

Auf dem Weg hat der Vater das Gefühl, dass der Mutter etwas passieren könnte. Sie rennen los.

Als sie ankommen, ist das Dach des runden Gebäudes, in dem die Mutter den Vortrag gehalten hat, eingestürzt. Mutter hat sich aber intuitiv gerade noch rechtzeitig an den Rand des Gebäudes, der noch stand, gerettet. Sie sucht den Ausgang.

Der Vater will ins Gebäude. Der Sohn will mit, er will nicht allein zurück bleiben. Er schlägt vor, am Rand entlang zu gehen, weil er seiner Mutter zutraut, dass sie dort ist.

Dann treffen sie sich, gehen zum Ausgang, umarmen sich und sind endlich glücklich vereint."

Wir wissen schon einiges über Symbole und können deshalb sagen, dass Mutter und Vater zwei Seiten des Träumers sind, die männliche, geistige, intellektuelle, bewusste, und die weibliche, kreative, intuitive, komplex denkend und handelnd, das Unbewusste verkörpernd.

Der Sohn ist ein Symbol für die Zukunft.

Der Computer und die Datenbahnen stehen für einen rationalen Bereich des Träumers.

Die Zukunft ist offenbar in Gefahr. Sie wird nicht erreicht werden können, da Bewusstsein und das Unbewusste im Streit miteinander liegen. Sie arbeiten nicht zusammen, deshalb verliert der Träumer seine (erfolgreiche) Zukunft.

Erst als sich beide Seiten vereinen, ist eine zukünftige erfolgreiche Entwicklung der Träumerpersönlichkeit möglich.

Weitere Funktionen der Träume sind

6. Selbsterkenntnis erlangen, denn ohne diese ist Heilung nicht möglich.

7. Beförderung von Lerninhalten ins Langzeitgedächtnis.

8. Bessere Stressbewältigung. Verarbeitung von Erfahrungen in der Außenwelt. Anpassen durch einordnen in die seelische Struktur und Integration ins Bewusstsein.

<u>Zur Entstehung der Träume</u>

Träume werden im Gehirn generiert. Folgende Hirnteile sind daran beteiligt: Die Pons, das limbische System und die mit ihm verbundenen Teile von Stirn- und Schläfenlappen sowie der Großteil des visuellen Systems.
Es werden nach heutigem Forschungsstand fünf Schlafphasen unterschieden: Non-REM I und II (Leichtschlafstadien in der Einschlafphase), Non-REM III und IV (zwei Tiefschlafphasen) und der REM-Schlaf. Ein gesamter Schlafzyklus, in dem alle Phasen durchlaufen werden, dauert 90 Minuten.
Früher nahm man an, dass Träume nur in der REM-Phase vorhanden sind, heute weiß man aus der Schlafforschung, dass Träume auch in den Non-REM-Phasen entstehen, allerdings haben diese Träume eine andere Qualität und sind oft sehr viel schwerer erinnerbar als Träume der REM-Phase.
Mit zunehmender Schlaftiefe sinken Atemfrequenz und Blutdruck. Die Bewusstseinssperre ist in diesen Schlafphasen aufgehoben und der Einfall des Unbewussten ist möglich.

Klaus-Uwe Adam ist in seinem Buch „Therapeutisches Arbeiten mit Träumen" der Auffassung, dass die REM-Träume interessanter und wichtiger seien für die therapeutische Arbeit als die Träume in den Non-REM-Phasen.

Er begründet dies damit, dass die Non-REM-Träume dem Wachdenken ähnlicher seien und der Symbolhaftigkeit entbehren würden. Er nennt die luziden Träume als besonders klar und eindringlich, die jedoch Produkte der REM-Phase seien.

Obwohl ich sein Buch sehr schätze, folge ich dieser Auffassung nicht. Meine Traumsammlung über 15 Jahre und die beobachtbare Entwicklung der Träumer widerspricht dieser Auffassung.

Die Träume aus den tiefen Regionen, oft schwer erinnerbar, haben mitunter eine besondere, archetypische Symbolik oder aber drücken sich durch einen intensiven Gefühlston aus. Sie stellen meines Erachtens die Verbindung zum kollektiven Unbewussten her, sind besonders numinos und haben daher für den Träumer eine grundlegende Bedeutung. Sie können dem Träumer ebenso wie die REM-Träume Antworten auf wichtige Fragen geben. Sie wirken nicht selten bewusstseinserweiternd. Solche Träume beschäftigen den Träumer mitunter ein Leben lang. Er vergisst diese Träume nicht, obwohl er sie nicht aufgeschrieben hat.

Daher sind sie für das therapeutische Arbeiten von überaus großer Bedeutung.

Durch sie wird dem Träumer oft sein Lebensweg oder Lebensinhalt verdeutlicht, grundsätzliche Schritte, die er zu gehen hat, um seinem Wesen zu entsprechen, oder aber Grenzen zu überwinden, werden aufgezeigt.

Sehr oft reguliert das Unbewusste in diesen tiefen Träumen ohne unser Zutun, oder es leitet neue Entwicklungsphasen ein.

Dagegen sind die Träume der REM-Phase oft, jedoch nicht nur, im persönlichen Unbewussten angelagert. Auch sie sind symbolhaft und emotionsbeladen. Sie erfüllen jedoch meistens Anpassungsfunktionen und Lernfunktionen, die aufgrund der persönlichen Umstände erforderlich sind. Jeoch treten auch die „großen Träume" in der REM-Phase auf.

Auf Seite 86 seines o. g. Buches nimmt Adam an, dass Träume mit der Entwicklung der Bewusstheit des Träumers an Luzidität gewinnen.
Auch diese Annahme bestätigen meine Traumaufzeichnungen nicht.
Auch bei Träumern, die gerade erst begonnen haben, sich mit der Traumarbeit zu beschäftigen, sind bereits luzide Träume vorhanden. Sie treten also offenbar unabhängig vom Entwicklungsstand des Bewusstseins auf. Der Grad der Luzidität nimmt im Laufe der Jahre auch nicht zu. Allenfalls treten häufiger luzide Träume auf.
Ich habe auch ein Problem damit, das Bewusstsein als höhere Hirnregion zu bezeichnen.
Im Gegensatz zu Adam bin ich der Meinung, dass der Kortex nie im Traum weitergehend aktiviert sein wird. Ich denke, dass ansonsten das Unbewusste nicht genügend durchdringen könnte.
Wie wir aus vorangegangenen Kapiteln wissen, hat das Bewusstsein eine begrenzte Kapazität und Verarbeitungsgeschwindigkeit. Dies bringt die Dreidimensionalität mit sich gegenüber Funktionen höherer Dimensionalität.
Das ist in meiner Auffassung kein Mangel des Bewusstseins, sondern muss so sein, da wir anders nicht erkenntnisfähig wären, wie bereits weiter oben im Kapitel 2 dargelegt.

Möglicherweise liegt ein evolutionäres Interesse darin, den Traum auf der Ebene des Unbewussten zu belassen, da dieses höher dimensioniert und im Quantenfeld mit allem verbunden ist.
Zudem liegen im Unbewussten auch Informationen, die das Bewusstsein vergessen hat, die es vergessen- im Sinne des Verdrängens- möchte, und solche, die aus unbewussten Wahrnehmungen resultieren.

Träume entstehen im Unbewussten, nicht im Bewusstsein.
Ohne dass ich mir anmaßen möchte erklären zu können, warum das so ist, ahne ich, dass es mit der Menge psychischer Energie zusammenhängt, die überwiegend im Unbewussten vorhanden ist und für die Umsetzung ins Leben in das Bewusstsein transportiert werden muss. Wenn das Bewusstsein abgewogen, bewertet, verglichen hat, kann die Ich-Persönlichkeit Handlungen ausführen.

Das erklärt den oben besprochenen Burnout aus einer anderen Sichtweise.

Wenn im Leben Handlungen ausgeführt werden, die nicht mit dem seelischen Energiepotential einhergehen, wird keine Energie zur Verfügung gestellt.

Man könnte nun auf den Gedanken kommen, dass unser Leben vorbestimmt sei. In gewisser Weise ist es das, was uns mittels Genetik und Epigenetik nahegebracht wird. Das heißt jedoch nicht, dass wir nichts Neues hinzufügen oder bislang ungelebte Potentiale verwirklichen könnten.

Träume dienen also neben der Bewusstmachung bestimmter Inhalte, also dem Kommunikationsaspekt, auch dem Energietransport. Dies gilt auch, wenn Träume nicht beachtet werden.

Die Kommunikation zwischen Bewusstsein und Unbewussten ist notwendig, um das psychische Gleichgewicht immer wieder herzustellen. Darin liegt ein wesentlicher Sinn des Träumens.

In früheren Gesellschaftsformationen hatten Rituale eine wichtige Funktion für den Ausgleich. Heute, da die meisten Rituale in modernen Gesellschaften keine Rolle mehr spielen, brauchen wir umso mehr den Traum dafür.

Jung schreibt dazu:"In dem Maße, wie unser wissenschaftliches Verständnis zugenommen hat, ist unsere Welt entmenschlicht worden. Der Mensch fühlt sich im Kosmos isoliert, weil er nicht mehr mit der Natur verbunden ist und seine emotionale „unbewusste Identität" mit natürlichen Erscheinungen verloren hat. Diese haben allmählich ihren symbolischen Gehalt eingebüßt. Der Donner ist nicht mehr die Stimme eines zornigen Gottes und der Blitz nicht mehr sein strafendes Wurfgeschoss. In keinem Fluss wohnt mehr ein Geist, kein Baum ist das Lebensprinzip eines Mannes, keine Schlange die Verkörperung der Weisheit, keine Gebirgshöhle die Wohnung eines großen Dämons. Es sprechen keine Stimmen mehr aus Steinen, Pflanzen und Tieren zu den Menschen, und er selbst redet nicht mehr zu ihnen in dem Glauben, sie verständen ihn. Sein Kontakt mit der Natur ist verloren gegangen und

damit auch die starke emotionale Energie, die diese symbolische Verbindung bewirkt hatte.
Dieser enorme Verlust wird durch die Symbole unserer Träume wieder ausgeglichen. Sie bringen unsere ursprüngliche Natur ans Licht – ihre Instinkte und eigenartigen Denkweisen."(16)

Der Traum kann uns mit dem All-Selbst im Quantenfeld verbinden. So steht uns das kollektive Unbewusste immer zur Seite.
Die Träger der Energie sind Symbole, die von „bloßen" Zeichen zu unterscheiden sind.
Während ein Zeichen eine enger umrissene Bedeutung hat und definiert werden kann, ist ein Symbol offen, enthält Gegensätzlichkeit, Vielschichtigkeit, Mehrdeutigkeit. Es verträgt sich nicht mit dem Bestreben nach eindeutiger Festlegung.
Jung gibt folgende Beschreibung (29)GW 8, 1971, S. 522): „Ein Symbol umfasst nicht und erklärt nicht, sondern weist über sich selbst hinaus auf einen noch jenseitigen, noch unerfasslichen, dunkel geahnten Sinn, der in keinem Worte unserer derzeitigen Sprache sich genügend ausdrücken könnte. Ein Geist, der sich in einem Begriff übersetzen lässt, ist ein seelischer Komplex innerhalb der Reichweite unseres Ich-Bewusstseins. Er wird nichts hervorbringen und nicht mehr tun, als wir in ihn hineingelegt haben. Ein Geist aber, der ein Symbol zu seinem Ausdruck erfordert, ist ein seelischer Komplex, der schöpferische Keime von noch unabsehbaren Möglichkeiten enthält."
Jung macht ein kreatives Prinzip in der Psyche dafür verantwortlich, dass ein Spannungsgegensatz zwischen dem Unbewussten und dem Bewusstsein durch Symbolbildung überbrückt werden kann. Das Symbol wird so zum Vermittler und ermöglicht die Autoregulation in der Seele.

Nachfolgende Beispiele sollen helfen, diese Inhalte zu verdeutlichen.
Betrachten wir zunächst das Symbol „Schlange". Um die umfängliche Bedeutung dieses Symbols zu erfassen, müssen wir uns nahe an der Bedeutung des Tieres Schlange halten.

Es gibt verschiedene Arten von Schlangen, wie z. B. die Würgeschlange, die Giftschlange, die ungefährliche Schlange, große und kleine Schlangen.

Kennzeichnend für Schlangen allgemein ist ihre Fähigkeit, verschiedenste Hindernisse zu überwinden. Sie ist schnell in der Ebene, kann sich aber auch geschickt in Bäumen und Felsen sowie im Wasser bewegen. Schlangen häuten sich, wandeln sich also regelmäßig, was einer Erneuerung ihrer Haut durch Wachstum geschuldet ist. In dieser Betrachtung werden bereits einige Eigenschaften offenbar. Das Symbol Schlange vereint wie in der Natur Gegensätze. Das Gift einer Schlange kann töten, es kann aber genauso gut heilen. Die Würgeschlange lässt dem Opfer keinen Raum zum atmen und sie verschlingt ihr Opfer sogar. Sie muss ein sehr kraftvolles Wesen sein, um das zu können.

Welche Bedeutung die Schlange für einen Träumer hat, hängt vom Kontext des Traumes ab und davon, wie der Träumer die Schlange im Traum empfindet, welcher Gefühlston ihn begleitet.

Ein Schlangentraum kann zum Beispiel Heilung anzeigen, ohne das wir aktiv etwas dazu tun. Der Kern des Selbst regelt das.

Genauso gut kann er ein Warntraum sein, der auf ein Umfeld aufmerksam macht, das uns nicht gut tut, weil sehr einengend, die Luft zum atmen nehmend.

Er kann uns auch Entwicklungsschritte in unserem Individuationsprozess anzeigen (Häutung) oder aber Geschick und Kraft geben, um eine Aufgabe zu lösen.

Nehmen wir als ein nächstes Beispiel den Wolf.

Mit einem männlichen Wolf verbinden wir in der Regel den reißenden Räuber. In Märchen und Mythen verkörpert er als Isegrimm das Böse schlechthin, auch Gier und grimmige Wut. Zwei Wölfe begleiten den nordischen Gott Odin und ebenfalls Wotan wird von einem Wolf begleitet.

Der weibliche Wolf jedoch wird gegenteilig dargestellt. Die Wölfin ist die fürsorgliche behütende Mutter, die sogar Menschenkinder im Märchen säugt.

Der Wolf heult bei Vollmond, er hat eine Verbindung zum Mond, der in den Mythen die Seelen vor der Wiedergeburt bewahrt. Deshalb wird er von einigen Indianerstämmen als weiser Lehrer verehrt. Wölfe haben ein hochentwickeltes Sozialverhalten und leben in Familienverbänden mit einer klaren Sozialstruktur. Wölfe kommen am besten im Rudel und in Familien weiter. Sie sind intelligent und haben fein aufeinander abgestimmte Jagdtechniken, die sie zum Erfolg führen. Das Symbol Wolf steht somit für Gemeinschaft, Taktik und Wissen, aber auch für Hinterlist und Bosheit (Rotkäppchen).

Auch hier gilt wieder, dass sich der Sinn des Traumes aus dem Kontext und der Bedeutung für den Träumer ergibt.

Der Widder gilt in der Mythologie als Schöpfergott, der bei der Geburt aller Dinge und Wesen half. Denken wir an das goldene Vlies des Widder, das dem Besitzer Kraft und Macht verlieh.

Der Widder ist kampflustig und stürmt vorwärts, auch dann, wenn er sich besser zurückhalten sollte. Seine Kraft ermöglicht es ihm, auch steile Berge zu erklimmen.

Ich könnte die Aufzählung der Symbole fortsetzen, mir kommt es jedoch darauf an zu zeigen, wie gegensätzlich und in der Deutung offen ein Symbol ist.

Anders das Zeichen.

Auch ein Zeichen dient der Verdeutlichung von Inhalten, jedoch ist es enger umrissen und teilweise sogar definiert.

Der folgende Traum enthält Zeichen, die eine klare Bedeutung haben.

„Ich sitze in einem Auto und fahre eine Straße entlang. Da sehe ich eine Ampel. Sie ist auf Rot geschaltet. Ich muss anhalten."

Unschwer ist zu verstehen, dass der Fahrer des Autos seinen Lebensweg nicht weiter verfolgen soll, denn das Auto symbolisiert das Lebensfahrzeug, mit dem der Träumer unterwegs ist.

Die rote Ampel ist eindeutig zu verstehen, Raum für Interpretation gibt sie nicht.

In diesem Traum sind noch nicht Hinweise auf einen neuen Weg enthalten. Hierzu kann der Träumer sein Unbewusstes abends befragen, sich abends intensiv damit beschäftigen. Das Unbewusste wird ihm dann mittels Traum eine Antwort geben.

Bilder, Symbole und Zeichen, sind die Sprache des Unbewussten. Erfahrene Träumer erleben auch Sprache im Traum, deren Bedeutungsinhalt jedoch anderer Art und nicht sofort verständlich sein kann.

Im Folgenden gebe ich eine Einführung in die Methodik der Traumanalyse.

Dabei ist es mein Anliegen, dass jeder Leser in der Lage sein wird, Kontakt zu seinem Unbewussten über die Träume aufzunehmen und vielleicht sogar in einen Dialog zu kommen.

Einführung in eine Methodik zum Verständnis von Träumen

Dieser Abschnitt wendet sich nicht an Therapeuten, sondern jeden Interessierten, der mehr über sein Selbst wissen möchte.

Therapeuten müsste ich eine Reihe zusätzlicher Hinweise geben, da das Arbeiten mit fremden Träumen besondere Anforderungen stellt.

Das Unbewusste, in dem die Träume erzeugt werden, ist unser Dialogpartner. In diesem Dialog geht es um Ausgleich mit möglicherweise notwendigen Verhaltensänderungen, oder aber um Bestätigung des Weges. Auch Voraussicht und Warnungen können Inhalte sein.

Wie in jedem Dialog ist es wichtig, genau hinzuhören und Details wahrzunehmen.

Deshalb ist meine erste Empfehlung, den Traum so genau wie möglich und so bald wie möglich aufzuschreiben. Je mehr Zeit vergeht bis zum Aufschreiben, um so weniger Details sind noch präsent. Man kann sich durchaus einen Zettel und einen Stift auf den Nachttisch legen und nachts den Traum aufschreiben, wenn man die Erfahrung gemacht hat, dass morgens alles vergessen ist. Nachdenken sollte man erst später über den Traum. Ein gewisser zeitlicher Abstand kann für das Verständnis hilfreich sein.

All Jenen, denen die Erinnerung anfangs nicht gelingt, möchte ich Mut machen, es immer wieder, und wenn es auch nur bruchstückhaft ist, zu versuchen. Mit der Zeit lernen Bewusstsein und Unbewusstes, besser zusammenzuarbeiten, so dass die Träume immer besser erinnerbar sind.
Das Unbewusste schätzt unsere Versuche.

Den Lesern, die meinen, nie zu träumen, weil kein Traum ins Bewusstsein kommt, empfehle ich, einige Sitzungen mit dem KIP durchzuführen. Dadurch wird ein Anstoß für aktiveres Träumen gegeben.

Bei der Entschlüsselung der Bedeutung der Träume ist es nach meiner Erfahrung wichtig, nahe an der ursprünglichen Bedeutung des Bildes oder des Symbols zu bleiben. Und damit meine ich vor allem die Bedeutung, die das Bild/ Symbol für den Träumer hat.

Ein Beispiel soll das verdeutlichen.

Nehmen wir an, der Traum handelte von einem Berg.
Dieser kann für verschiedene Menschen ganz verschiedene Bedeutung symbolisieren.
Er kann eine Herausforderung sein, verbunden mit der Lust, ihn zu bezwingen und mit der sicheren Überzeugung und Ausdauer zur Spitze zu gelangen.
In der gegenteiligen Bedeutung kann der Berg beim Träumer Angst erzeugen, entweder vor der Höhe oder vor der Anstrengung, die mit der Überzeugung verbunden ist, es sowieso nicht schaffen zu können.
Es ist also wichtig, dass die Träumer sich darüber klar werden, welche Bedeutung dieser Berg im Traum für sie in der Realität hat. Dabei kann

eine genaue Beschreibung helfen. Nehmen wir zum Beispiel die Farbe, die etwas über die Stimmungslage der Träumer aussagt und auch darüber, ob es Flora und Fauna auf dem Berg gibt. Diese bedeuten Lebendigkeit und Lebensfluss. Ebenso wichtig sind die Form, ob rund oder spitz, sowie die Oberfläche, steinig, moosig oder bewaldet. Wie empfinden die Träumer diese Gegebenheiten? Sind sie bedrohlich oder durchaus angenehm? Der vorherrschende Gefühlston ist sehr wichtig. Gibt es einen Zugang am Berg über einen Weg oder ist die Spitze nur durch klettern zu erreichen?
Ist man oben angekommen, ist der Blick offen rundherum oder wird er durch andere Berge versperrt?

Ich hoffe, dass dieses eine Beispiel „Berg" geholfen hat, zu erkennen, dass Details wichtig sind.
Noch etwas: Ein Traum wird nicht bewertet. Er ist was er ist.

Der nun folgende Traum wird von mir im Zwiegespräch bearbeitet.
Die Träumerin:
„Der Berg, den ich sehe, ist ca. 3000 m hoch. Am Fuß gibt es Wald, weichen Waldboden aus feuchter brauner Erde. Die Erde und die Wurzeln bilden Stufen. Ich komme an einen Scheideweg: Es gibt einen Schotterweg und einen Waldpfad. Ich nehme den Waldpfad.
Am Weg sehe ich lila Pilze, Pfifferlinge und Blaubeeren, auch Vögel. Manchmal ragen mit Moos bewachsene Felsen aus dem Berg heraus.
Ich bin jetzt weiter oben. Von hier an gibt es nur noch den Schotterweg. Eine schöne Aussicht hier: Weite Wiesen, schneebedeckte Gipfel, glänzendes Grün, das wie ein Tal anmutet. Dort muss ich hindurch, um Abzweigungen zu finden, die mich weiter nach oben bringen.
Das Tal ist ca. 1 km breit, an den Rändern Geröll, ca. 1 km hoch geht es noch bis zur Spitze. Das wird wohl noch ca. drei Stunden dauern.
Geradeaus vor mir ist der höchste Berg mit 2 km Höhe zu sehen.
Durch eine leichte Hügellandschaft fließen Bäche, die aus den Bergen kommen. Ich nehme Kuhglocken und eine Holzhütte wahr, die Luft riecht frisch und die Sonne scheint.
Das sieht alles sehr beeindruckend aus.

Jetzt bin ich an einer Wegkreuzung, von der aus ein Weg zurück in den Wald führt. Ich entschließe mich, ins Tal zum höchsten Berg zu gehen. Ich laufe auf dem Schotterweg. Hinten ist ein reißender Fluss, der vom Gletscher kommt, zu hören. Bis auf dieses Geräusch und das Summen der Bienen ist nichts zu hören.

Langsam hören die Wiesen auf, und es beginnt ein Steinpfad aus grauen Steinen, alles ist trocken, es geht bergauf. Hier sehe ich pink-lila farbene Blumen und höre das Wasserrauschen. Der Weg geht jetzt steiler nach oben, er schlängelt sich, es ist anstrengend. Bin auf einer Scharte angekommen und kann von dort aus runter sehen auf ein Dorf mit einer Wiese, ein anderes Tal und weitere Berge.

Der Weg ist jetzt noch steiler, manchmal Steinstufen. Es ist sehr anstrengend. Der Weg wird schmal und ich muss mich festhalten.

Auf der Spitze des Berges steht ein Gipfelkreuz mit einem Bild. Alles ist ein bisschen gruselig, weil ich mich nirgends festhalten kann. Die Fläche auf der Spitze beträgt nur etwa zwei Quadratmeter. Der Rundblick ist herrlich. Ich kann weit sehen, die eine Seite ist etwas bergig, etwas kühler, aber mit schöner Aussicht. Es liegt kein Schnee.

Mein Gefühl ist gespalten. Einerseits habe ich einen schönen Blick, andererseits fühle ich mich eingeengt wegen der kleinen Fläche, auf der ich keine Bewegungsmöglichkeiten habe,und ich finde den Abstieg bedenklich. Mir graut es regelrecht vor dem Abstieg. Er ist steil und schmal, und ich muss allen Mut zusammen nehmen. Ich steige rückwärts ab.

Jetzt bin ich wieder auf der Scharte angekommen, dort habe ich mehr Platz und es besteht keine Absturzgefahr. Ich fühle mich etwas behüteter.

Mal sehen, ob ich etwas finde auf meinem Weg nach unten. Vielleicht einen Bergkristall. Ich wühle in den Steinen herum. Quarze gibt es viele: Rosenquarz, Rauchquarz, Schiefer und abgestumpftes Glas. Ich nehme nichts mit, da diese Steine nichts besonderes sind.

Das Schöne am Steine suchen ist, dass man an nichts anderes denkt. Manchmal denke ich an Amethyste, die ich sehr hübsch finde. Auch als Kind empfand ich sie als Edelsteine. Leider habe ich hier noch keinen gefunden, bin aber sicher, dass es hier welche gibt.

Hier ist ein Bergkristall, aber nicht so schön, etwas angekratzt. Trotzdem nehme ich ihn mit. Ich könnte Stunden hier oben verbringen.

Eine Wolkendecke kommt auf mich zu. Starker Zimt- und Nelkengeruch. Ich laufe wieder ins Tal. Es fängt an zu regnen, ein warmer Regen."

Welche Grundstimmung hat dieser Traum?

Der Träumerin bereitet der Berg keine negativen Gefühle. Sie nimmt die Herausforderung der Besteigung bereitwillig an, auch wenn diese nicht ganz einfach ist.

Ihre Beschreibung der Natur am Fuß des Berges lässt vermuten, dass sie ein enges Verhältnis zur Natur hat und sich gern in der Natur aufhält. Am Ende überwindet sie ihre Angst und meistert die Aufgabe erfolgreich.

Gehen wir nun etwas mehr ins Detail.

Zunächst zur Haupt-Symbolik. Der Berg symbolisiert Vater oder Mutter oder beide. Von ihnen bekommen die Kinder Kraft. Wie der Berg gemeistert wird, lässt auf den Entwicklungsstand der Persönlichkeit Rückschlüsse zu. Wie meistert die Träumerin ihre Aufgaben im Leben? Dafür ist die Bergbesteigung ein Symbol. Die Höhe, die sie benennt, lässt auf hohe, jedoch nicht zu hohe Ansprüche schließen. Sie gibt sich nicht mit anspruchslosen Aufgaben zufrieden.

Die erste Entscheidung, die sie treffen muss, ist die Wahl des Weges am Scheideweg. Sie entscheidet sich nicht für den Geröllweg, sondern den Waldpfad. Dies ist bedeutsam.

Fragen Sie sich doch bitte selbst, welchen Weg Sie genommen hätten?

Der Geröllweg verkörpert das männliche, geistige oder auch Bewusstseins-Prinzip, während der Wald das Unbewusste symbolisiert, das weiblichen Charakter hat.

Unsere Träumerin hat sich für den Weg ins Unbewusste entschieden. Dafür sprechen auch die lila Pilze. Pilze sind Gewächse, die unter der Erde im Dunklen keimen und langsam ins Helle wachsen. Sie stehen für Erkenntnisse, Aufgaben, die langsam aus dem Unbewussten ins

Vorbewusste dringen. Die Farbe lila ist die Farbe der Intuition. Sie wird an späterer Stelle im Traum noch einmal eine Rolle spielen.

Der schöne unverbaute Rundumblick lässt auf eine Persönlichkeit schließen, die nicht durch eine Neurose belastet ist.

Obwohl ihr der Weg nach oben zur Spitze des Berges Schwierigkeiten bereiten wird, sucht sie diesen Weg trotzdem. Sie will es schaffen, nach oben zu kommen.

Wie würden Sie als Leser dieses Traumverhalten interpretieren? Vielleicht findet sich ja einiges davon in den nachfolgenden Bemerkungen wieder.

Der Weg dorthin ist wiederum mit Symbolen gepflastert. Da sind die Bäche, die Lebensenergie symbolisieren. Diese erhält die Träumerin aus den Bergen, also von den Eltern. Aber auch Gefahr kommt vom Berg in Form eines reißenden Flusses, von dem die Gefahr des Weggeschwemmtwerdens ausgeht, was in der Verwirklichung bedeutet, dass die Abtrennung vom Elternhaus nicht auf natürliche Weise passieren kann. Glücklicherweise ist dieser weit weg.

Der Weg nach oben an die Spitze wird nun steinig und gefährlicher. Gilt das nicht auch für das Leben? Wie es auf der Bergspitze einsam ist, wird es auch im Leben einsamer, je höher man steigt.

Wenn wir die Bergspitze genauer betrachten, so fällt auf, dass sich die Träumerin dort unwohl fühlt, weil eingeengt, nur auf schmalem Grund, ohne Bewegungsmöglichkeiten.

Wenn wir nun weiteres Wissen über das Symbol Berg einbeziehen, nämlich dass der Berg die Eltern oder Elternteile repräsentiert, aber auch äußere Situationen, so ist die Folgerung wohl zulässig, dass es etwas (zunächst im Außen) gibt, das die Persönlichkeit der Träumerin einengt. Hierbei kann auch das Über-Ich eine Rolle spielen, das heißt, die Prinzipien, Regeln, die Erziehung, die die Träumerin verinnerlicht hat.

Diese Betrachtungsweise zielt auf etwas Objektives, im Außen vorhandenes, ab. Man nennt sie deshalb auch die **Objektstufe** der Traumanalyse.

Ursachen im Außen bewirken auch eine bestimmte Situation im Innen der Träumerin. Die Betrachtung des Traumes in Bezug auf das Innen nennt man die **Subjektstufe.**

Bei der Traumdeutung sollte man möglichst beide Ebenen einbeziehen, denn beide sind sehr häufig zutreffend.

Die Bergspitze symbolisiert neben der Erreichung eines Zieles auch das geistige Bewusstseinsprinzip. Es inkludiert den Intellekt und die Rationalität. Auch im Hinblick auf die Entwicklung des geistigen Prinzips kann es zu einer Einengung bzw. Einseitigkeit in der Persönlichkeit durch den Einfluss von Außen gekommen sein. *Nur* mit dem rationalen Prinzip bewegt man sich auf begrenztem Grund und hat nicht viel Freiraum im Denken.

Die Träumerin spürt diese Einseitigkeit intuitiv und entwickelt Angst, den Abstieg nicht zu schaffen. Abgesehen von der Möglichkeit, dass man nicht gern in die Niederungen des Lebens steigt, fehlt ihr die Unterstützung des Unbewussten. Sie verlässt sich noch ungern auf ihre Intuition, doch allein mit dem Intellekt ist diese Situation nicht kontrollierbar. Deshalb braucht es auch das Fühlen, um sicher anzukommen.

Nichts desto Trotz findet sie die Lösung.

Auf der Scharte angekommen, hat sie viel Freude daran, Steine zu suchen. Steine symbolisieren die Ganzheit des Selbst. Von besonderer Bedeutung ist die Art der Steine.

Der Bergkristall steht für die Schaffung von Klarheit in den Gefühlen. Damit sind auch Gefühle gemeint, die einen in Zwängen halten, wie z. B. auch Zorn, der, sofern er nicht ins Bewusstsein integriert, d. h. angenommen wird, die Persönlichkeit sehr einengen kann. Aber auch Gefühle gegenüber lieben Menschen, die man nicht enttäuschen möchte, können einengen und andere Entwicklungen verhindern.

Der lila farbene Amethyst steht für die Intuition.

Ihre Steinsuche gilt dem verborgenen Schatz in ihr. Noch nutzt sie ihre Intuition nicht in vollem Maße, aber sie hat alle Voraussetzungen, alle Fähigkeiten dafür.

An dieser Stelle möchte ich einige Worte zum Symbol „Stein" anfügen. Der Stein, der Edelstein, der Kristall tritt als Symbol oder Bild sehr häufig für das Selbst des Träumers auf. Jung sagt dazu: "In ihm symbolisiert sich eine Bewusstseinsform, die eben reines Sein ist, jenseits der Emotionen, Phantasien, Gefühle und dem Gedankenstrom des Ichbewusstseins – eine Einheit, die einfach existiert und unveränderlich immer da war und ist. In diesem Sinn symbolisiert der Stein vielleicht das einfachste und zugleich tiefste Erlebnis von etwas Ewigem und Unwandelbarem, das ein Mensch haben kann. .....Kein Wunder, dass in vielen Religionen das Gottesbild oder wenigstens der Ort seiner irdischen Verehrung durch einen Stein markiert ist. Das größte Heiligtum der Muselmanen ist in Mekka ein schwarzer Stein, die Kaaba, zu dem jeder Mann einmal wallfahrten geht. ....Sie (die Alchimisten) ahnten aber bereits, dass dieser gesuchte Stein im Innern des Menschen zu finden ist."
(16, S. 209 f)
Indem unsere Träumerin bestimmte Steine sucht, ist sie auf der Suche nach sich selbst.

Welche Hauptbotschaft enthält dieser Traum für die Träumerin?

Auf der Subjektebene geht es um die bewusste Integration der Intuition in ihr Verhalten.
Damit erweitert sie ihr Bewusstsein, ihre geistige Ebene. Der Traum sagt ihr, dass es Zeit dafür ist, die bisher eher rational geprägte Denkweise durch die Einbeziehung der Intuition zu erweitern. Sie darf sich auf ihre Gefuhle verlassen.

Auf der Objektebene ist es Aufgabe der Träumerin, sich darüber klar zu werden, wer oder was sie einengt und wie sie das ändern kann, wie sie ihre äußeren Umstände so ändern kann, dass sie der anstehenden Entwicklung ihrer Persönlichkeit Raum bieten.

Das ihr beide Aufgaben gelingen werden, darüber gibt der Schluss des Traumes Auskunft. Der warme Regen, der das Loslassen falscher Gefühle symbolisiert und der dann vorhandene Duft nach Zimt und Nelken, die Wärme und Wohlfühlen bedeuten, lassen ein solches Ergebnis erwarten.
Damit enthält dieser Traum auch eine Finalität, d. h., er lässt eine potentielle Zukunft anklingen.

Dieser Traum war geeignet aufzuzeigen, wie man mittels der Analyse der Subjekt- und Objektebene zur Kernaussage des Traumes gelangt und eine mögliche Finalität zu erkennen.

Mit den folgenden Fragestellungen können sie sich helfen, die Objekt- und Subjektstufe zu betrachten.

Zuerst ist die **Bedeutung des Symbols oder Bildes** zu klären.
Fragen Sie sich, welche Bedeutung das Bild oder das Symbol für sie hat und schreiben Sie diese Details auf. Am wertvollsten sind die unmittelbaren Antworten, denn je länger Sie überlegen, um so mehr kann die Bedeutung verfälscht werden. Bleiben Sie bei der Interpretation nahe an der wirklichen Bedeutung des Symbols.

In einem nächsten Schritt ist die **Objektstufe** zu bearbeiten.
Die Frage lautet nun, was der Traum mit der äußeren Situation des Träumers zu tun hat.
Hier sind gemeint die partnerschaftlichen und sonstigen Beziehungen wie auch die berufliche Situation. Worauf könnte sich der Traum beziehen? Welcher Appell ist hinter dem Traum zu finden in Bezug auf die äußere Situation?
Im Traumbeispiel oben sind dazu Aussagen gemacht.

Die dritte Stufe der Deutung ist die Betrachtung der **Subjektstufe.**

Fragen Sie sich, was der Traum mit Ihnen zu tun hat. Wenn Sie von Personen träumen, kann gefragt werden, inwieweit Sie sich in dieser Person wiederfinden. Gibt es Eigenschaften bei dieser Person, die auch Sie verkörpern? Verhalten Sie sich ebenso, zumindest in Teilen, wie die Person im Traum? Manchmal spiegeln auch Tiere im Traum Eigenschaften oder Verhalten des Träumers. Tiere im Traum haben oft etwas mit der Instinkt- und Gefühlsebene zu tun. Als Beispiele seien hier genannt der Tiger, der nicht ins Bewusstsein integrierte Aggression verkörpert, der Hahn, der Aufgeblasenheit zeigt, das Kaninchen, das für sexuelle Triebe steht. Tiere können auch Kraftpotentiale symbolisieren. In welcher Hinsicht sind Sie wie das, was im Traum dargestellt wird? Man kann hier durchaus auch eine Verbindung zur Objektstufe herstellen, indem gefragt wird, wie sich die im Traum symbolisierten Eigenschaften in der Außenwelt zeigen.

Auf der Subjektebene sind die Bilder Ausdruck für eigene Anteile. Ein psychologisches Gesetz ist es, dass wir unsere eigenen Anteile **ins Außen projizieren.**

Das heißt, wenn ich beispielsweise Eigenschaften wie Zorn unterdrücke, ihn deshalb an mir nicht wahrnehme, erwarte ich im Außen dennoch Zorn und Gewalt und traue diese Anderen eher zu als mir. Diese unbewusste Aggression meinerseits schwingt in vielen Botschaften an Andere mit. Deshalb erfahre ich auch die Resonanz. Ich empfinde andere Menschen als aggressiv und bemerke nicht, dass ich selbst die Grundlagen, in dem Falle Botschaften, geliefert habe.

Wenn ich also im Außen etwas an meinen Beziehungen zu Menschen ändern möchte, muss ich zunächst den Resonanzboden in mir selbst verändern. Diese Veränderung beginnt mit der Erkenntnis, dass ich einen solchen Resonanzboden habe. Dabei kann ein Traum helfen.

Manchmal dienen, wie bereits gesagt, Träume auch der **Kompensation**. Um das zu klären, sind Fragen danach, warum das geträumt wurde und zu welchen Auffassungen des Träumers der Traum einen Gegenpol darstellt, inwieweit er damit Überzeugungen und gegebenenfalls Einseitigkeit in Frage stellt, hilfreich. Hat man herausgefunden, warum der Traum diesen Standpunkt einnimmt, ist es möglich, das eigene Bewusstsein zu korrigieren.

Ein einfaches Beispiel soll der Erläuterung dienen.

Nehmen wir an, eine Person ist im Berufsleben eher zurückhaltend, kann sich vielleicht auch nicht durchsetzen, weil das Ich nicht genügend stark ist.

Dann kann ein Traum, indem der Träumer ein Held ist, eine Kompensation bewirken, aus der dem Träumer Kraft zufließt, auch im Außen „heldenhafter" zu sein.

Träume haben jedoch auch die Funktion der **Autoregulation** der Psyche. Ziel ist ein angepasster Gleichgewichtszustand. „Darüber hinaus ist der Individuationsprozess, der die Ganzheit und Vollständigkeit des Menschen anstrebt, offenbar im Unbewussten als immanenter Plan vorgegeben. Die Individuation ist kein zufälliges, von wechselndes kausalen Faktoren getriebenes, sondern ein hochgradig sinnerfülltes und an einer Zielvorstellung orientiertes Geschehen." (41, S. 167) Deshalb ist es für uns wichtig, Träume zu verstehen, um auch die Ziele unserer Entwicklung zu erkennen. Die Ursachen dafür sind uns häufig bekannt, manchmal aber auch verdrängt.

Der Blick in die Vergangenheit, den uns Träume ermöglichen, liefert Erklärungen für bestimmte bisherige Entwicklungen. Man nennt dies **Kausalität** des Traumes.

Solche Ursachen können zum Beispiel Traumata, einschließlich des Geburtstraumas, sein, aber vor allem auch Lebenssituationen, denen der Träumer ausgesetzt war und die ihn geprägt haben und für sein gegenwärtiges Verhalten maßgeblich sind. So trägt ein Traum zum Verstehen von Verhaltensweisen bei und zeigt uns möglicherweise auch Wege der Veränderung auf.

Die Korrektur oder ein Entwicklungsanstoß wäre dann das Ziel, der Sinn oder der Zweck des Traumes, als **Finalität** bezeichnet.

Geeignete Fragen hierzu wären beispielsweise „Wohin soll ich mich entwickeln? Was kann ich aus dem Traum lernen für meine Bewusstseinsänderung?

Träume können uns auch aufzeigen, wie wir etwas verändern können, auch am Beispiel eines Probehandelns im Traum, und sie können Ergebnisse vorwegnehmen, wie oben im Traumbeispiel gezeigt wurde.

In einem nächsten Traum wollen wir uns ansehen, wie eine Träumerin in einen Dialog mit dem Unbewussten tritt, um Antwort auf eine für ihre Lebensgestaltung wesentliche Frage zu erhalten.
Die Träumerin treiben seit längerer Zeit Gedanken um, ihr Leben zu verändern. Einerseits möchte sie etwas anderes tun, etwas schaffen, andererseits hat sie Angst, die gewohnten Pfade, die auch existenziell sichere Pfade sind, zu verlassen und sich in eine ungewisse Zukunft zu begeben.
Ich riet ihr, sich bei ihrem Unbewussten Rat zu holen, vielleicht indem sie in einem Tagtraum einen weisen alten Mann aufsucht, der ihr Antworten auf ihre Fragen geben kann. Folgenden Tagtraum erzählte sie:
„Ich werde den Alten auf einem Berg suchen. Vor mir erscheint ein Berg, rundlich, etwa 400 m hoch. Die eine Seite des Berges ist eine Steilwand mit Treppe, die andere Seite ist begrünt. Die Stufen sind aus Holz mit einem Geländer.
Der Berg wird noch einmal höher, etwa um 200 m. Ich erklimme die Treppe, die ganz schön steil ist. Je näher ich der Spitze komme, umso flacher und länger werden die Stufen. Unterwegs ist nicht viel zu sehen.
Ich bin auf der Bergspitze, von der aus ich einen schönen Blick habe. Aber kein alter weiser Mann ist zu sehen.
Da entdecke ich eine Bank mit einer Feuerstelle. Dahinter steht ein Fernrohr mit Münzbetrieb. Man kann durchsehen und die weite Landschaft mit den Hügeln bewundern.
Ich setze mich auf die Bank und warte.
Plötzlich bemerke ich, wie sich etwas unter der Feuerstelle bewegt, sie wird einfach weggeschoben. Da kommt jemand hoch getrippelt. Hat einen spitzen Hut auf, einen blauen Mantel an, ist mit Hut und langem Bart ca. 1,60 m groß. Er sieht aus wie ein Zwerg.
Ich verneige mich vor ihm, er tut das gleiche. Er hat einen Stock in der Hand und sieht mich an. Er wirkt auf mich klar und nicht unfreundlich.

Dann beginnt ein Ritual. Er läuft drei mal in die rechte und vier mal in die linke Richtung um die Feuerstelle herum. Damit ist der Platz versiegelt. Er hält den Stab nach oben und beschwört vier mal jede Himmelsrichtung. Dann kommt er zu mir und verneigt sich noch einmal. Auf meine Frage, woher er kommt, antwortet er, dass er aus der Tiefe des Berges kommt. Er hat gemerkt, dass Besuch da ist und ist gekommen, um zu sehen, ob er jemandem helfen kann. Ich soll ihm Fragen stellen und sieht mir dabei in die Augen. Ohne meine Frage abzuwarten, als würde er sie schon kennen, antwortet er:
„Das ist nicht die Frage, die man stellen muss. Man soll wie eine Blume sein, einfach da sein und wachsen. Sieh es dir von der Natur ab. Angst ist nur eine Vorstellung. Wünsche sind nicht immer Dinge, die man nachverfolgen soll. Du möchtest jemand anderes sein als du bist."
Der Alte verabschiedet sich jetzt.
Es geht mir gut.

Lassen Sie uns bei der Analyse des Traumes entsprechend den oben aufgezeigten Schritten vorgehen.
Zunächst klären wir die Bilder und Symbole.
Der erste Teil des Traumes, in dem der Berg noch einmal höher wird, entspricht ihrem Problem, für sie interessante Aufgaben letztlich nicht zu verfolgen, weil sie ihr nicht machbar und zu schwierig erscheinen. Nichts desto Trotz erklimmt sie den Berg und wird für ihre Mühe mit einem wunderbaren weiten Rundumblick belohnt.
Das Bild einer Bank vermittelt Ruhe und Gelassenheit. Dort kann man sich ausruhen und die Dinge in Ruhe betrachten.
Feuer symbolisiert Transformation, Wandlung. In dem Traum jedoch wird nur die Feuerstelle, also eine Möglichkeit zur Transformation aufgezeigt. Noch gibt es kein Feuer.
Dann folgt die Begegnung mit dem Weisen, einem Zwerg.
Der Zwerg ist ein archetypisches Symbol. Zwerge im Märchen sind in der Regel Helfer der Menschen und auch Botschafter des Unbewussten. Manchmal fordern sie für ihre Hilfe jedoch auch einen Preis. Sie sind die Hüter von Schätzen und häufen sie auch gern an, in dem sie fleißig und ausdauernd im Berg arbeiten und genügsam leben. In diesem Symbol

kommt auch die Verbundenheit mit der materiellen Seite des Seins zum Ausdruck.

Die Träumerin hat vor dem Traum eine Frage zum eigenen Selbst gestellt.

Im Traum wird damit der unbewusste Wunsch nach größerem Wohlstand und Anerkennung ausgedrückt. Auch der Weg dorthin wird durch das Symbol dargelegt: Fleißige ausdauernde Arbeit und Sparsamkeit, denn die Zwerge geben ihren Reichtum nicht gern her.

Das sind Fähigkeiten, die die Träumerin hat und nutzen kann.

Betrachten wir die Kleidung des Zwerges und überlegen, was sie uns sagt.

Da ist zunächst der spitze Hut, den Zauberer tragen. Ach wie schön wäre es, könnte man zaubern. Aber wir können nicht zaubern und die Träumerin muss ihre verborgenen Fähigkeiten selbst nutzen und sich nicht kleiner vorkommen, als sie ist. Sie muss ihre Angst davor, dass Andere sie herabwürdigen könnten im Falle eines Scheiterns, überwinden. Wenn sie ihre Fähigkeiten entdeckt und sich selbst vertraut, wird sie auch erfolgreich sein. Das ist der Subjektbezug, der in diesem Traum einzig zu betrachten ist, denn die Träumerin hat vor dem Traum eine Frage zum eigenen Selbst gestellt.

An welcher Stelle muss sie dafür Veränderungsarbeit leisten?

Der Zwerg trägt einen blauen Mantel. Die Farbe Blau steht für Harmonie, Spiritualität, innerer Frieden, aber auch für die Fragestellung nach der Quelle inneren Friedens.

Hier deutet sich schon die Antwort an, die der Zwerg der Träumerin gibt. Sie muss ihrem Wesen, ihren Anlagen entsprechen. Wünsche, die mit diesen Anlagen nicht realisierbar sind, lohnen die Mühe nicht.

Es geht darum, sich anzunehmen, wie man ist und daraus das Beste zu machen, nicht jemand anderes sein zu wollen.

Diese Antwort führt zu einer entscheidenden Frage: Wer bin ich?

Die Antwort auf diese Frage ist die Quelle innerer Zufriedenheit.

Die Farbe Blau deutet auf einen Teil dieser inneren Anlagen hin.

Wie man weiteres herausfinden kann, habe ich weiter oben dargelegt.

Sicher wird man nie ganz herausfinden können, wer man selbst ist, denn wir befinden uns wie alles im Universum in ständiger Veränderung.

Nun noch ein weiteres Traumbeispiel, das der Träumerin etwas zu ihrer Zukunft zeigt. Die Träumerin ist seit Jahrzehnten als Lehrerin tätig.

„Ich sehe einen Raum, fensterlos und dunkel. In ihm schlafen Lehrer. Ab und zu gehe ich hinein, um mir etwas zu holen. Das könnten Informationen sein.
Ich selbst bin auf einem Balkon, der sehr lang und umlaufend ist. Die Sonne scheint.
Der Raum mit den Lehrern liegt im Schatten.
Als ich wieder hinein gehen will, finde ich ihn verschlossen mit einer Art Stopfen. Ich kann dort nicht mehr hinein.
Links daneben ist noch ein in dieser Weise verschlossener Raum."

Der Objektbezug dieses Traumes liegt klar auf der Hand. Es geht um ihre Tätigkeit als Lehrerin.
Die Räume stellen Lebensabschnitte/Lebensräume dar. Noch ist die Träumerin mit dem Lebensraum „Lehrerdasein" verbunden.
Jedoch wird das bald nicht mehr so sein, denn der Raum wird verschlossen und ist nicht mehr betretbar. Er liegt dann im Schatten (des Unbewussten). Das Lehrer-Leben ist ausgelebt, es ist zukünftig nicht mehr von Bedeutung.
Offenbar gibt es bereits einen weiteren abgeschlossenen Lebensabschnitt, der durch den Raum links daneben symbolisiert wird.
Dieser Lebensraum scheint mit gelebten weiblichen Aspekten zu tun zu haben, der er liegt auf der linken Seite.
Die Träumerin steht auf einem Balkon, der um das Gebäude herum geht. Sie könnte sich also in einen beliebigen anderen Raum begeben, einen neuen Lebensabschnitt beginnen.
Die Sonne, die scheint, steht symbolisch für das Bewusstsein oder den Geist. So kann angenommen werden, dass dieser nächste Lebensabschnitt mit geistiger Arbeit/Tätigkeit bzw. mit Bewusstwerdung zu tun hat.

Ein nächster Traum:

„Ich sehe das Bild von einem Pferd, braun, wunderschön, kraftvoll. Es stand ca. 20 m vor mir und wartete auf mich. Ich ging hin und sprach mit ihm: „Nun bekommst Du eine Alte anstelle eines jungen Jockeys, den Du doch eigentlich bräuchtest." Das Pferd antwortete mir, dass es für mich da sei.

Wir nahmen an einem Rennen teil, und wir gewannen es, sogar mit einem Vorsprung, obwohl ich der älteste Jockey war.

Wir freuten uns, ich umarmte es lange. Es ist mein bester Freund."

Einen Objektbezug gibt es in diesem Traum nicht, da keinerlei Beziehungen zu Pferden und Rennen bestanden.

Dieser Traum hat einen reinen Subjektbezug.

Pferde als Symbol bedeuten Kraft, Dynamik, Lebensenergie, auch sexuelle Energie, die ja Teil der Lebensenergie ist.

Das Rennen ist ein Wettbewerb, in dem beide, Reiter und Pferd, erfolgreich sind.

Worin besteht nun der Subjektbezug? Welchen Sinn hat dieser Traum? Die Träumerin beschäftigt sich seit längerer Zeit mit einem Projekt, das sie sehr gern umsetzen würde, ist sich aber nicht sicher, ob ihre Kraft, ihre Energie dafür noch reichen wird, denn sie zählt schon mehr als 65 Jahre.

Das Pferd im Traum empfand sie als Geschenk und als Aufforderung, noch einmal etwas zu verwirklichen.

Ihr Selbst zeigt ihr im Traum, dass ihr noch einmal ein Energiepaket zur Verfügung steht, symbolisiert durch das prachtvolle Pferd, das nur für sie da ist.

Sie darf es wagen, noch einmal ein Projekt in die Tat umzusetzen und damit in ein Rennen zu gehen. Sie wird erfolgreich sein.

Auch in diesem Traum gibt es eine Finalität, einen Blick in die Zukunft, wenngleich in ganz anderer Weise als in dem vorherigen Traum.

In den nun folgenden Träumen geht es um die Integration von Persönlichkeitsanteilen in das Bewusstsein.

Der Träumer hatte das Gefühl, in seinem Leben nichts wirklich Wichtiges gemacht zu haben. Darauf folgte dieser Traum:

„Ich höre eine Stimme sagen: Du machst alles klein klein, hälst Dich selbst klein.

Dann sehe ich vier Männer. Sie sind mittleren Alters, 40-45, alle gleich groß. Sie tragen Anzüge aus grauer Seide mit weißen Hemden. Ihre Jacketts trugen sie lässig über die linke Schulter, es war warm. Sie sahen etwas müde aus als sie ankamen. Die Männer fragten, ob ich noch etwas zu essen hätte. Leider habe ich nichts, will mich aber gegenüber bei Hannes erkundigen, ob er etwas hat. Aber der verneint, empfiehlt jedoch ein Restaurant gegenüber. Die Männer bedanken sich.

Da plötzlich höre ich wieder die Stimme: Die Frage war, ob **Du** etwas zu essen hast, <u>Du</u> musst sie nähren.

Ich fragte die Stimme, was ich ihnen geben könnte. Die Antwort: Liebe. Da ging ich zu den Männern und umarmte einen nach dem anderen herzlich. Jeder verschwand in mir. Der letzte fragte mich noch etwas. Ich konnte aber beruhigen, es sei alles ehrlich gemeint.

Kurz danach rumpelte etwas in mir, als ob sich etwas ordnete."

Essen im Traum ist sehr oft als Seelennahrung gemeint.

Die Männer sind Aspekte/Fähigkeiten der Persönlichkeit des Träumers, die ihm wohl geschäftliche oder administrative Tätigkeiten erlaubten. Dafür spricht die Kleidung der Männer, die obendrein sehr teuer aussah. Dass es sich um Eigenschaften des Träumers handelt, lässt sich daraus schließen, dass die Männer keine (bekannten) Gesichter haben, alle gleich groß und gleich alt sind.

Die Zahl 4 steht für die Vollendung auf der materiellen Ebene.

Nach der Bedeutung für den Träumer gefragt, erklärt er, dass er wohl deshalb das Gefühl habe, nichts besonderes geleistet zu haben, weil er seine Potentiale (die 4 Männer) nicht nutzt.

Er pflegt seine Fähigkeiten auch nicht, widmet ihnen keine Aufmerksamkeit und gibt seiner Seele keine Nahrung. Wie sollte da etwas aktiviert werden?

Der Träumer wird im Traum aktiv in Bezug auf eine Problemlösung, wie es für luzide Träume typisch ist. Er umarmt die Männer, integriert sie. Diese Fähigkeiten stehen ihm nun zur Verfügung.
Man darf gespannt sein, wie sich das Leben des Träumers weiter entwickelt.

Der folgende Traum besteht aus zwei Teilen.
1. Teil: „ Ich nehme ein Baby hoch. Das Moskitonetz streift über sein Gesicht nach oben weg. Jetzt strahlt es mich an. Es hat wunderschöne Augen.Ich nehme es liebevoll auf den Arm. Wir reden miteinander. Obwohl es ein Baby ist, kann es sprechen. Es fragt mich: Hast Du mich lieb? Ich antworte: Ich habe Dich sehr lieb. Ich habe Dich immer lieb, auch wenn ich manchmal nicht bei Dir bin. Ich brauche Dich.
Wir sind sehr harmonisch miteinander und freuen uns aneinander."
2. Teil:"In einem schönen Haus parterre sind die Flügeltüren halb geöffnet. Ich höre Stimmen sagen: Beeilt Euch, sonst erwischt uns Dorothea noch.Offenbar ist es ein Einbruch. Ich gehe hin, um zu verhindern, dass etwas gestohlen wird. Drei junge Frauen sind zu sehen. Ich drohe der Einen, sie solle gehen, aber es interessiert sie nicht. Da nehme ich ein Messer und steche ihr in die Schulter. Es stört sie nicht. Ich kann sie offenbar nicht töten. Da kommen die beiden anderen und fesseln mir die Hände, binden mich im Türrahmen fest. Ich weiß, dass sie mich umbringen, wenn ich jetzt nicht handle. Deshalb nehme ich alle Kraft zusammen, stoße sie mit meinen Beinen um, befreie mich und hole mir einen Baseballschläger, mit dem ich die Drei umhaue. Als sie da so liegen, begreife ich, dass sie wohl zu mir gehören. „Umarme Deinen Schatten" heißt es doch. Ich gehe zu ihnen und umarme sie mit den Worten: Ihr werdet jetzt nicht gebraucht, ihr könnt zur Ruhe gehen. Ich rufe Euch, wenn ich Euch brauche.
Eine nach der anderen verschwindet in mir."
Zunächst wollen wir uns der Symbolik zuwenden.

Im *ersten* Traum spielt ein Baby eine große Rolle. Es steht oft für das Selbst des Träumers. Dafür spricht in diesem Fall, dass es Fähigkeiten hat, die ein Baby im wirklichen Leben nicht hat. Die Situation zeigt, dass die Persönlichkeit des Träumers und sein Selbst miteinander im Reinen sind. Dennoch darf nicht übersehen werden, dass das Baby fragt, ob es geliebt wird. Das scheint ihm nicht selbstverständlich klar zu sein. Der Hinweis an den Träumer ist, mehr für sich selbst zu tun, was die Liebe zum Selbst ausdrückt.

Aber das ist nicht die ganze Aussage, denn offenbar steht das erste Traumbild mit dem zweiten im Zusammenhang.

Der *zweite* Traum spielt in einem Haus. In der Regel stellt es die Persönlichkeit des Träumers dar. In diesem Fall ist es ein großes, schönes Haus, was auf eine starke entwickelte Persönlichkeit schließen lässt. Wenn andere Personen anwesend sind, die dem Träumer nicht bekannt sind oder deren Gesichter nicht zu sehen sind, ist es wahrscheinlich, dass diese Eigenschaften des Träumers darstellen, die im Verborgenen liegen, im sogenannten Schatten.

Der Einbruch ist im wahrsten Sinne des Wortes einer, denn es bricht etwas aus dem Unbewussten in das Bewusstsein ein.

Fragen wir nun nach dem Objektbezug.

Im ersten Bild ist zu klären, ob der Träumer zu einem Kind von Bekannten oder Verwandten einen stärkeren Bezug hat.

Das war hier nicht der Fall.

Auch im zweiten Bild sollte erfragt werden, ob dem Träumer selbst oder in seinem Umfeld ein Einbruch passiert ist. In einem solchen Fall kann der Traum einen Ausgleich schaffen oder kann auch eine Warnung sein, mehr Aufmerksamkeit auf bestimmte Dinge zu lenken.

Auch wenn das alles der Fall wäre, kann dennoch eine Verbindung zum Subjektbezug hergestellt werden.

Es sollten die oben genannten Fragen vom Träumer beantwortet werden.

In dem luziden Traum hat der Träumer bereits während des Träumens erkannt, dass diese Frauen seine eigenen Anteile sind. In der Nachbearbeitung ist ihm klar geworden, dass er Eigenschaften besitzt und diese auch lebt, mit denen er sich auf harte bzw. nicht offene und ehrliche Weise gegen andere durchsetzt.

In dem er diese Frauen in den „Ruhestand" geschickt hat, macht er deutlich, dass er diese Eigenschaften nicht mehr leben möchte, sondern sich bewusst entscheiden wird, sie zu nutzen, wenn es erforderlich ist. So können sie ihn nicht mehr überwältigen und ihn zu Taten treiben, die er anschließend bereuen muss.

Man darf sich nicht der Illusion hingeben, dass ein einziger Traum ausreicht, um dieses Charakterproblem zu lösen. Vielmehr ist geduldiges bewusstes Wahrnehmen dieser Eigenschaften in bestimmten Situationen erforderlich, um sich dann jedes mal aufs Neue dagegen zu entscheiden. Im Laufe eines längeren Zeitraumes, meiner Erfahrung nach zwischen 6 und 12 Monaten, hat man es dann verinnerlicht und handelt automatisch richtig.

Was haben beide Traumbilder miteinander zu tun?

Nur wenn man auch seinen Schatten umarmt, der zum Selbst gehört, liebt man sein Selbst tatsächlich.

Und das ist das, was das Baby mit seiner Frage eigentlich sagt:"Nur wenn Du auch Deinen/meinen Schatten liebst, liebst Du mich wirklich".

Die dargestellten Träume sind eine kleine Auswahl aus vielen Träumen. Sie stellen eine besondere Qualität dar und sind, so hoffe ich, in der Interprettion nachvollziehbar.

Es gäbe noch vieles zur Traumarbeit zu sagen, aber die weitergehende Analyse der Träume sollte einem Therapeuten überlassen werden. Mein Anliegen ist es, den Lesern ein Instrument zur Selbsthilfe zu geben und sie damit zu ermuntern, sich auf das Abenteuer Selbst-Findung einzulassen.

Für die, die mehr wissen wollen, steht einige Literatur zur Verfügung, die auch im Quellenverzeichnis genannt ist.

Abschließend zu diesem Thema Traumarbeit möchte ich noch ein paar Anmerkungen zu Träumen, die sich auf das Erleben am Vortag beziehen, machen.
Diese dürfen nicht als reine Wiederholung von Resten des Vortages aufgefasst werden. Vielmehr nutzt das Unbewusste solche Reste, um mit Hilfe bekannter Bilder und Symbole eine Botschaft auf der Ebene der Subjektstufe zu vermitteln. Diese kann zur Kompensation führen oder durch Einsicht sogar zu Veränderungen in den Beziehungen zur Außenwelt führen.
Mit Hilfe eines Beispiels soll das demonstriert werden.

Nehmen wir an, Sie hatten am Vortag in Ihrem Büro einen Streit mit einem Kollegen.
Im darauffolgenden Nachttraum sehen Sie Ihr Büro mit dem Kollegen.
An Ihrer Stelle bedroht ein Tiger den Kollegen.

Das Symbol Tiger bedeutet Aggression in unentwickelter Form, das heißt in unkontrollierter Weise.
Auf der Subjektebene sollten Sie sich fragen, ob Sie eine solche tigerhafte Seite haben. Wenn ja, wie können Sie in Zukunft angemessen auf unterschiedliche Standpunkte zwischen Ihnen und dem Kollegen reagieren?
Insofern hätte dieser Traum eine Wirkung auf Ihre Realität in der Außenwelt.

An diesem Beispiel ist gut zu verstehen, dass nicht das Vortagsgeschehen die Ursache für den Traum ist, sondern das Problem in einem selbst, das vom Unbewussten aufgegriffen wird, um diese Botschaft an das Bewusstsein zu senden.
Bei der Betrachtung eines solchen Traumes ist auch auf feine Unterschiede zwischen dem realen Vortagserlebnis und der Darstellung

im Traum zu achten, denn auch in diesen Unterschieden liegt eine Aussage.

III.5. Die Meditation – Formen und Vorgehensweisen

Der Alltag vieler Menschen ist durch Hektik, Stress und eine zu große Informationsfülle, die zur Überbelastung führen kann, gekennzeichnet. Die Pflege zwischenmenschlicher Beziehungen kommt oft zu kurz, weil dafür die Zeit nicht reicht und der Nerv fehlt. Auf Dauer rächt sich eine solche Lebensweise bitter.

Viele haben das erkannt und möchten etwas für ihre innere Ruhe tun. Die Meditation mit ihren verschiedenen Formen ist ein guter Weg dafür. Aber sie ermöglicht über das reine „Ruhefinden" hinaus auch Erkenntnis, wenn sie konsequent und regelmäßig verwirklicht wird.

Der nachfolgende Leitfaden soll die Leser befähigen, mit der Meditation selbständig zu beginnen. Wenn dann die Stufen ausgereizt sind, können weitere Schulen in Anspruch genommen werden.

Das wesentliche Prinzip der Meditation besteht darin, zu geistiger Ruhe zu gelangen. Das heißt nicht etwa, dass man sich in einen Halbschlaf begibt, im Gegenteil ist der Geist hell wach.

Meditation ist eine Konzentrationsübung. Der Geist wird auf einen bestimmten Punkt gerichtet, ohne Müdigkeit und ohne Aufgeregtheit, sondern mit der Kraft der vollen Konzentration.

Wenn Sie das versuchen, werden sie am Anfang ihrer Übungen feststellen, dass es unglaublich schwierig ist, eine solche geistige Ruhe auch nur für 1 Minute zu halten.

Das Bewusstsein ist ständig mit Gedanken beschäftigt, die immer wieder einflattern. Oder aber es wird schläfrig und sinkt ab. Ihm fehlt die Festigkeit.

Mit Hilfe der Meditation kann geübt werden, diese Festigkeit zu erreichen, um dann später den Zustand der besonderen Einsicht zu entwickeln.

Die Bedeutung des Wortes ist vielleicht am umfänglichsten mit der „gegenstandsfreien Anschauung" beschrieben. Sie schließt die Konzentration ohne störende Gedanken sowie leere Betrachtung ein.

Benutzt wird dieser Begriff in den großen Weltreligionen, zwar in seiner Vielschichtigkeit verschieden, jedoch nicht im Wesentlichen.

Im allgemeinen werden zwei Arten oder auch Formen von Meditation unterschieden, die sich nach der Art und Weise der Meditation, nicht jedoch durch das Meditationsobjekt unterscheiden:
1. Entwicklung geistiger Ruhe
2. Entwicklung der Besonderen Einsicht,
wobei die geistige Ruhe die Grundlage ist, die zu entwickeln, Voraussetzung für das Erreichen der Besonderen Einsicht ist.

Was wird für die Meditation benötigt?

Sehr wichtig ist ein abgeschiedener Ort, der frei von Lärm und Unruhe, von lauten Geräuschen ist.
Alle weltlichen Geschäftigkeiten müssen während der Zeit der Meditation unterbrochen werden. Handy und andere Kommunikationsmittel sind ein no go.
Ausreichend Schlaf ist eine weitere Voraussetzung, um das Sinken des Geistes zu verhindern.
Vor der Übung sollte nicht zu viel und zu gut gegessen und natürlich kein Alkohol getrunken werden, um nicht träge oder gar schläfrig zu werden.
Hinsichtlich der Sitzhaltung gibt es zwei Möglichkeiten.
Das, was wir üblicherweise sehen, ist die Sitzhaltung mit gekreuzten Beinen. In diesem Fall muss das Gesäß durch beispielsweise ein Kissen etwas höher gelagert werden.
Falls es nicht möglich ist, diese Sitzhaltung einzunehmen, kann auch ein Stuhl genutzt werden.
Der Rücken ist in jedem Fall absolut gerade. Sofern man einen Stuhl nutzt, kann man sich auch weit vorn auf dem Stuhlsitz positionieren,

weil es möglicherweise einfacher ist, in dieser Position den Rücken gerade zu halten.

Die Schultern haben eine natürliche Position, die Arme nicht eng an den Körper legen.

Die Hände sind vier Finger breit unterm Nabel zusammengebracht, wobei die linke Hand unter der rechten Handfläche liegt und die Daumen beider Hände sich berühren.

Der Kopf ist leicht nach vorn gebeugt, die Augen sind an der Nase entlang mit dem Blick nach unten ausgerichtet. Sie können offen oder geschlossen sein.

Wenn man sich vor eine leere Wand setzt, ist es leichter, sich zu konzentrieren.

Die Meditation beginnt mit einer Entspannungsphase, in der das Ein- und Ausatmen beobachtet wird. Das beruhigt den Geist.

Um nun mit der Konzentrationsübung beginnen zu können, ist zuvor ein Meditationsobjekt auszusuchen. Es sollte bei jeder Meditation das gleiche Objekt sein. Seine Größe, Farbe, Gestalt ist fest beizubehalten. Als Meditationsobjekte kommen viele Möglichkeiten in Frage. Es können tatsächliche Objekte sein, wie beispielsweise Mandalas, ein Kreis, ein Stein, ein Lichttropfen, eben was uns geeignet scheint. Es ist auch möglich, ein Ziel für die Meditation zu verwenden, oder eine persönliche Eigenschaft, wie der Hass, dem man in der Meditation Liebe entgegensetzt, oder aber die Leere selbst, einfach schwarze Leere.

Es geht nun darum, sich auf das Objekt zu konzentrieren, dabei den Geist wach, klar und lebendig zu halten. Wenn der Geist schläfrig werden oder weg wandern will, wird er immer wieder zurück geholt. Gerade am Anfang passiert diese Abgelenktheit. Mit Hilfe der Konzentrtion auf das Atmen beruhigt man den Geist wieder und führt ihn zum Meditationsobjekt zurück.

Eine weitere Gefahr besteht im „Sinken" des Geistes. Wenn diese nicht beseitigt werden kann und man immer wieder dösig wird, ist es besser, die Meditation zu unterbrechen und an die frische Luft zu gehen, sich eventuell das Gesicht mit kaltem Wasser zu waschen, um dann wieder in die Meditation zu gehen.

Hinsichtlich der Dauer der Sitzungen ist es anfangs besser, kurze, ca. 10-15 Minuten, aber häufige Meditationen durchzuführen. Ich selbst habe es so gelernt und bin dadurch gut voran gekommen.

Im Buddhismus werden neun Stufen der Entwicklung des Geistes durch die Meditation beschrieben (vgl.42, S. 186):

1. Richten auf das Meditationsobjekt und
2. stetiges Verweilen des Geistes auf dem Objekt.
3. Die Phasen der Ablenkung werden immer kürzer und der Geist wird immer wieder zurück gerichtet auf das Objekt
4. Das Zurückrichten nimmt zu, der Geist verliert das Objekt nicht mehr. Jedoch besteht nun die Gefahr des Sinkens oder der subtilen Erregung, denen man begegnen muss.
5. Hier geht es um die Zähmung des Geistes, indem man Sinken oder Erregung verhindert mittels der Konzentration. Das führt zu einer stärkeren
6. Beruhigung des Geistes bis zur
7. vollständigen Beruhigung
8. Nun bildet sich das Objekt zur Punktförmigkeit aus
9. In dieser Stufe wird das Gleichgewicht erreicht.

Nunmehr entsteht geistige Beweglichkeit, die man daran erkennt, dass man ein Gefühl des Prickelns im Kopf wahrnehmen kann. Es beginnt die positive Energie im Körper zu zirkulieren, was auch eine körperliche Beweglichkeit zur Folge hat.
Der Geist ist in der Lage, in bloßer Klarheit und Erkenntnis zu verweilen. Wenn das Gefühl entsteht, dass das Bewusstsein zur Leere geworden ist und der eigene Körper nicht mehr zu spüren ist, hat man ein wichtiges Ziel der Meditation erreicht.(Vgl. ebenda)
Viel Erfolg!

III.6. Nachwort und Ausblick für die Forschung

Es war mir ein Bedürfnis, mit diesem Buch Anregung zu geben, ins Unbewusste zu reisen, den inneren Fluss zu ergründen, nicht etwa verbissen, sondern mit Leichtigkeit und Freude.
Wenn dieser Fluss zu reißend erscheint, reicht es zunächst, am Ufer zu stehen, ihn zu beobachten und abzuwarten, was passiert.

Still in sich hineinhören, dem Selbst vertrauen, sich muthaft innerpersönlichen Problemen stellen, fördert auf Dauer unsere Gesundheit.
Für unsere (seelische) Gesundheit sind wir selbst verantwortlich. Wir dürfen uns jederzeit Hilfe holen, sowohl bei körperlichen wie auch seelischen Beschwerden.

Es macht Freude und ist das spannenste Abenteuer, sich selbst kennenzulernen.
Die persönliche Entwicklung ist ein Lebenssinn jedes Menschen.

Weil Vielfalt Existenzgrundlage des Universums ist, sind wir mit dem, was wir in die Welt mitbringen und ihr im Laufe des Lebens geben, eine Bereicherung für das Universum, jeder von uns.
Beginnen wir, den Reichtum jedes Menschen und jeder Schöpfung wahrzunehmen und zu schätzen.

Ausblick für die Forschung

Im Laufe der Beschäftigung mit dem Thema des Buches ist festzustellen, dass es etliche Themen gibt, die der weiteren Erforschung würdig wären.

So ist zum Beispiel das Wirken der Archetypen zu wenig untersucht. Gibt es Gesetzmäßigkeiten ihres Erscheinens und wie wirken diese?

Welchen Einfluss haben sie auf den Charakter eines Menschen, gibt es also dominierende Archetypen?

Warum steuert der Kern des Selbst zu bestimmten Lebenszeiten das Erscheinen bestimmter Archetypen?

Wie werden Archetypen in der sozialen Seele wirksam?

Haben Archetypen womöglich einen fundamentalen Einfluss auf alles Sein im Universum?

Interessant für die Forschung dürfte auch die Nutzung virtueller Spiele für therapeutische Zwecke sein.

Von welchen Menschen werden welche Spiele häufig genutzt?

Was kann damit kompensiert werden und inwieweit können sie damit für die Selbsttherapie nützlich sein?

Welche Folgen hätte die Nutzung virtueller Spiele in der Psychotherapie?

Vielleicht gibt es interessierte Forscher, die sich diesen oder ähnlichen Themen widmen, oder es findet wunderbarerweise schon statt.

Die Erforschung des Unbewussten scheint mir nur schwer voranzukommen.

Das hängt möglicherweise damit zusammen, dass es dafür keine oder nicht ausreichende Forschungsmittel gibt.

Krankenkassen bezahlen tiefen psychologische Verfahren noch immer nicht.

Dadurch sind Studenten eher daran interessiert, sich der Verhaltens- und Gesprächstherapie zu widmen.

Angesichts der grundlegenden Bedeutung der Tiefenpsychologie für unsere Gesundheit muss hier ein Umdenken erfolgen.

Dem Leser wünsche ich gutes Gelingen und Freude.

Mit dem Schreiben dieses Buches hatte ich viel Freude an meinem Tun.

Anhang zur geschichtlichen Entwicklung des Seelenbegriffs- der Begriff Seele in den religiösen und philosophischen Richtungen

In diesem Abschnitt wird sich das Eine oder Andere, das anfangs gesagt wurde, wiederholen. Das ist jedoch nicht vermeidbar, denn die Chronologie des geschichtlichen Ablaufes der Entwicklung des Seelenbegriffs ist wichtig.

Das Wort Seele bedeutet ursprünglich Hauch/Atem/Wind.
Mindestens seit die Menschheit Aufzeichnungen macht, beschäftigt sie sich mit der Seele.
In sehr alten Vorstellungen wird nicht unterschieden zwischen Materie und Geist. Die Seele ist eher stofflich oder feinstofflich gedacht, also durchaus materiell.

Bei den **indigenen** Völkern war die Vorstellung vom Seelenvogel verbreitet, mit diesem verwandt ist der BaVogel der **ägyptischen** Mythologie. Kennzeichnend für den ägyptischen Glauben war die enge Bindung der Seele an den Körper/Leichnam. Neben Ba gab es Ka, der die Quelle der Lebenskraft bezeichnete und so den Unterschied zwischen einem Lebenden und einen Toten ausmachte. Die dritte Bezeichnung Ach kennzeichnet einen Lichtgeist, der im Unterschied zu Ka nicht ortsgebunden war, erst nach dem Tode entstand und als solcher in das Leben der Menschen eingreifen konnte. Diese drei Teile der Seele, charakterisieren die Auffassung der Ägypter in Bezug auf die Seele.

Im **Indischen** war das Synonym für Seele der Atman. Allerdings muss erwähnt werden, dass es im Hinduismus zwei nicht vereinbare Richtungen gibt, Vedanta und Samkhkya. Der Vedanta vertritt den Monismus, wonach die Seele nur Teil einer Scheinwelt ist und damit *vergänglich*(das ist besser zu verstehen im Kapitel Physik und Seele), während Samkhya eine dualistische Auffassung ist, nach der die

Urmaterie und die Urseele zwei ewige Prinzipien sind und somit von *ewiger* Existenz.(Vgl. 44)

Im **Buddhismus** , es sei vermerkt,dass es verschiedene Richtungen des Buddhismus gibt, die ich hier nicht im einzelnen darstellen kann, wird die Existenz einer Seele bestritten, wie auch die Existenz von Materie bestritten wird. In dieser Philosophie wird die Ansicht vertreten, dass alle Materie nur Schein ist, weil nichts Dauerhaftes. Alles besteht nur zeitweise und zerfällt dann wieder, alles ist dauernd in Bewegung, in Veränderung und wird in jedem Moment neu geschaffen. Real ist nur die Essenz, aus der alles besteht, und nur diese bleibt nach Zerfall der Materie. Diese Denkweise findet sich auch in der Auffassung von der Seele.

Im tibetischen Buch vom Leben und vom Sterben beschreibt Sogyal Rinpoche folgendes: „Die Wiedergeburtsexistenzen einer Wiedergeburtenfolge sind nicht wie die Perlen eines Perlenhalsbands durch eine Schnur, die „Seele" verbunden, die sich durch alle Perlen hindurchzieht, sondern sind eher aufeinander getürmten Würfeln ähnlich: Jeder Würfel ist separat, trägt aber den nächsthöheren und ist mit ihm funktionell verbunden. Zwischen den Würfeln besteht keine Identität, sondern Bedingtheit." (1, S. 117) Das würde bedeuten, dass eine Seele zwar inkarniert, jedoch nicht als die gleiche, die sie war. Statt dessen bildet die Seele aus dem Vor-Leben die Grundlage für die Entwicklung der Seele im Jetzt-Leben.

„Der Buddhismus glaubt an universelle Kausalität, dass alles Ursachen und Bedingungen unterliegt und ständiger Veränderung unterworfen ist. Einem göttlichen Schöpfer wird hierbei ebenso wenig Platz eingeräumt wie sich selbst erschaffenden Lebewesen. Alles entsteht vielmehr als Folge von Ursachen und Bedingungen. Ebenso kommt Geist oder Bewusstsein nur als Ergebnis seiner vorausgehenden Momente zustande." (1, S. 116)

Der Glaube an universelle Kausalität ist keineswegs unproblematisch, wie wir im Kapitel Physik und Seele noch erfahren werden. Denn wenn es weder Vergangenheit noch Zukunft gibt und der Zeitpfeil sich in jede

Richtung bewegen kann, kann auch nicht mehr klar zwischen Ursache und Wirkung unterschieden werden.

An dieser Stelle soll diese These des Buddhismus jedoch so stehen bleiben.

In der **traditionellen chinesischen Medizin**, die tausende Jahre alt ist, gibt es keine Trennung von Körper und Seele. Jede körperliche Krankheit wird gleichermaßen seelisch behandelt. In dieser Tradition besteht die Seele aus drei Teilen: Der Körperseele Po, die untrennbar mit dem Körper verbunden ist, diesen belebt und ihn nicht verlassen kann. Sie wird im Organ Lunge verortet.

Wenn man Sterbende begleitet bis zu ihrem Ende, erkennt man, dass es tatsächlich die Lunge ist, die zuletzt ihre Funktion aufgibt.

Die Wanderseele Hun kann den Körper verlassen und über den Tod des Menschen hinaus existieren. Sie hat ihren Sitz im Organ Leber. Wenn sie zwischenzeitlich den Menschen verlässt, bedeutet das nicht den Tod des Menschen, da sie wieder zurückkehren kann.

Die Geistseele Shen ist unsterblich und im Herzen verankert. Sie entwickelt sich im Laufe eines Lebens und überdauert den Tod.

Diese Auffassung erinnert sehr an bereits oben beschriebene Traditionen anderer Völker.

Für die **Stoiker** (spätes 4. Jhd. vor Christus) hatte die menschliche Seele einen herrschenden Teil, den Hegemonikon. Dieser führte die Tätigkeiten des Intellekts aus und hatte seinen Sitz im Herzen, wo alle Eindrücke aufgenommen und gedeutet werden und von dem alle Antriebe ausgehen. Außer dem Hegemonikon gibt es in der Stoa sieben untergeordnete Teile: Die fünf Sinne, das Sprach- und das Fortpflanzungsvermögen. (Vgl.44)

Nach **ältesten griechischen** Vorstellungen von der Seele ist sie eine Präsenz bei Mensch und Tier, die für das Leben notwendig ist.Die Griechen verwenden synonym für das Wort Seele das Wort Psyche, das aber vor allem im Zusammenhang mit dem Belebtsein verwendet wird.

Die Emotionen – aber auch mit ihnen verbundene Gedanken – spielen sich im *thymós* ab, der im Zwerchfell/in der Brust lokalisiert ist.
Der noos oder auch nous ist im Wesentlichen für die Tätigkeit des Intellekts zuständig.
Auch hier finden wir die Dreiteilung der Seele wieder.

Demokrit erklärte die Seele als Zusammenballung von kugelförmigen Atomen, die aufgrund ihrer Kleinheit und Form eine größere Beweglichkeit als die übrigen Atome haben. Seiner Auffassung nach entstehen durch die ständige Bewegung und Interaktion dieser Atome Phänomene wie Wärme, Kälte, Farben und alle mentalen Phänomene.

Platon beschreibt die Seele als immateriell und unsterblich und als vom Körper unabhängig existierend, also auch schon vorgeburtlich.
Für ihn ist die Seele in der Lage, sinnlich nicht wahrnehmbare Erkenntnisse wie „das Gerechte", „das Schöne" oder „das Gute" zu erfassen. Sie wird von ihrer eigenen Natur angetrieben, ihr Interesse darauf zu richten."
Hierin ist die Ähnlichkeit zum Unbewussten schon sehr deutlich.
Und weiter: Das zeigt ihre Wesensverwandtschaft mit dem, wonach sie strebt. Die Ideen existieren jenseits der Vergänglichkeit und unabhängig von einzelnen Sinnesobjekten. Wäre die Seele selbst vergänglich, so hätte sie keinen Zugang zum Unvergänglichen. (vgl.2,78b–81a).
Das Lernen ist für Platon eine Aktivität der Seele. Es besteht nicht darin, dass die Seele etwas Neues und Fremdes von außen aufnimmt, sondern darin, dass sie sich – etwa durch einen Anstoß von einem Lehrer – an ein Wissen erinnert, das sie eigentlich bereits zuvor besessen hat, über das sie aber bis zu diesem Zeitpunkt nicht bewusst hat verfügen können. Dieses Wissen, die Kenntnis der Ideen und aller Dinge, hat sie aus ihrem vorgeburtlichen Dasein mitgebracht. Sie hat es an einem „überhimmlischen Ort" erworben; hinzu kommen ihre Erfahrungen aus ihren früheren Erdenleben und aus der Unterwelt. Durch Wiedererinnerung macht sie sich das verschüttete Wissen verfügbar.(2, 72e–77a und 3, 80d–86b).

In dieser Auffassung Platons klingt schon an, was andere große Psychologen der Neuzeit weiter verfolgen. Denn das Kollektive Unbewusste, das C. G. Jung entdeckt, enthält eben all jenes Wissen der Menschheit. Die im Kollektiven Unbewussten beheimateten Archetypen verfügen über mächtige psychische Energien, die tatsächlich auf das Außen wirken können, wie Platon es beschreibt.

Platon ist der Meinung, dass die Seele von innen her ihre Bewegung erhält und auch das Außen bewegen kann. Die Eigenschaft gehört zur Natur der Seele und ist ein Definitionsmerkmal. Jene Eigenschaft ist ohne Anfang und Ende. Als erster Ursprung aller Bewegung hat die Selbstbewegung keinen Ursprung in der Welt des Werdens und Vergehens, die eine solche Fähigkeit nicht besitzt und nicht aus sich hervorbringen kann. Daher ist die Seele als Träger dieser Fähigkeit ewig. (Vgl.4, 245c–246a).

Diese Auffassung wird uns wiederbegegnen im Hinduismus, Taoismus und in der Theosophie des Judentums. Platon geht davon aus, dass die Seele so etwas wie eine Grundessenz des Universums ist, die daher weder entstehen noch vergehen kann. Weil das seiner Meinung nach so ist, müsse der Sorge und Pflege der Seele eine besondere Bedeutung zukommen.Er sagt dazu: „Bester Mann, [...] schämst du dich nicht, für Geld zwar zu sorgen, wie du dessen aufs meiste erlangst, und für Ruhm und Ehre, für Einsicht aber und Wahrheit und für deine Seele, dass sie sich aufs beste befinde, sorgst du nicht und hieran willst du nicht denken?" (5, 29d-e)

Diese Kritik Platons hat noch heute Gültigkeit. Wir sind sehr besorgt um unseren Körper, wissen über diesen auch schon viel. Aber was wissen wir über unsere Seele und was tun wir zu ihrem Wohlbefinden?Für Platon besteht die Seele aus drei Teilen: Einem vernunftbegabten *(logistikón)* mit Sitz im Gehirn, einem triebhaften, begehrenden *(epithymētikón)* mit Sitz im Unterleib und einem muthaften *(thymoeidēs)* mit Sitz in der Brust. Der muthafte Seelenteil ordnet sich leicht der Vernunft unter, der begehrende neigt dazu, sich ihr zu widersetzen. (Vgl. 6, 434d–441c).

Die naturgemäße Ordnung ist dann gegeben, wenn die Vernunft die sinnlichen Begierden zügelt, welche sie von ihren wesentlichen Aufgaben ablenken, und wenn sie bei ihrer Wahrheitssuche vom Immateriellen – der absolut zuverlässigen Ideenwelt – ausgeht und den irrtumsanfälligen Sinneswahrnehmungen misstraut. (Vgl. 2, 65a–67b, 82b–84b; 6, 521c–535a).

Die Funktionen sind nicht strikt aufgeteilt, vielmehr hat jeder Seelenteil eine ihm eigene Form des Begehrens und verfügt über eine kognitive Fähigkeit. Daher können auch die nichtrationalen Teile eigene Meinungen oder zumindest Vorstellungen bilden.(Vgl. 7)

Interessant ist, dass Platon vom Standpunkt der Moral aus urteilt und die Triebe als „schlecht" darstellt.

Ist man jedoch konsequent in der Betrachtung des Makrokosmos, so ist festzustellen, dass das Universum kein „Gut" und „Böse" kennt, sondern nur das „Einfach so sein". Niemand würde auf die Idee kommen, einen Vulkan als böse zu bezeichnen, nur weil er das tut, wofür er geschaffen ist, nämlich ein Ventil für die Erde zu sein. Das gleiche trifft für eine Sternenexplosion zu, die notwendig ist, um aus den freiwerdenden Elementen Neues entstehen zu lassen.

Wenn man davon ausgeht, dass der Mikrokosmos nicht anders in seiner grundlegenden Beschaffenheit als der Makrokosmos ist, dann gibt es von Natur aus kein „Gut" und „Böse" im Menschen, sondern es ist so, wie es ist. Der Mensch braucht alle Eigenschaften, mit denen ihn die Natur ausgestattet hat, um zu überleben.
Erst durch das Sein in und mit der menschlichen Gesellschaft entsteht Moral. Für das Überleben der Menschheit als Gemeinschaft ist diese notwendig, zumindest so lange, bis die Menschheit einen bewussten Umgang mit den angeborenen Eigenschaften gelernt hat.

Es gibt Hinweise in der Forschung darauf, dass dem Menschen mitmenschliches Verhalten angeboren ist. Er ist also von Natur aus auf den Erhalt der menschlichen Gemeinschaft, in der er ja erst selbst zum

Menschen wird, eingestellt. Allein die Geburt als Mensch reicht noch nicht aus, zu einem Wesen zu werden, das wir als Mensch bezeichnen. Erst das Leben in der Menschengemeinschaft macht ihn dazu.
Daraus schlussfolgernd, gibt es offenbar ein evolutionäres Interesse, dass der Mensch lernt, alle seine Eigenschaften in sein Bewusstsein zu integrieren und damit bewusst umzugehen.

Platon hält den gesamten Kosmos (auch die unbelebte Natur) für beseelt. Das leitet er aus der Bewegung aller Natur ab, denn Bewegung ist seiner Auffassung nach ein Merkmal der Seele. Auch dem Kosmos als Ganzem schreibt er dieses Merkmal zu; er bezeichnet ihn als ein von der Weltseele beseeltes Lebewesen. Die vernunftbegabte Weltseele ist nach seiner Darstellung vom Demiurgen geschaffen. (8, 30a–b, 34b–37c).

Wie wir im Kapitel Physik und Seele sehen werden, ist tatsächlich *alles* in Bewegung und stetiger Veränderung.

Auch Platon ist wohl davon überzeugt, dass es im Urgrund des Kosmos ein oder mehrere Prinzipien gibt, die das Zusammenwirken steuern.

Einstein hat sich in ähnlicher Weise geäußert.

Für **Epikur** war die Seele im Rahmen seines Atomismus materieller Natur, ein Körper im Körper, jedoch eher feinstofflicher als der übrige Körper. Die Seelenmaterie verglich er mit Wind und Hitze im Körper. Die Seelenkunde gehörte für ihn interessanterweise zur Physik.

Führende **jüdische Philosophen standen im Mittelalter** unter dem Einfluss des Platonismus, was unter anderem bedeutete, dass die Seele für unsterblich gehalten wurde, jedoch nicht in dem Sinne, dass die Seele individuell weiterleben könne. Da der Körper nicht mehr existent war, konnte es die individuelle Seele auch nicht mehr sein. Sie ging auf in einem „Ort der Seelen". Allerdings gab es auch die Auffassung, dass ein Teil der Seele, mit dem Körper verbunden, mit diesem auch sterben würde und nur der vernunftbegabte Teil weiterleben könne. (Vgl. 44)

Eine ähnliche Ansicht gibt es in China, wie wir schon gehört haben.

In der jüdischen Kabbala sind Auffassungen zur Seele seit dem 12. zu finden.

Im Weltenbaum oder auch Baum der Sephirot genannt, sind die Ebenen des Kosmos erfasst.
Diese Ebenen, die Triaden, enthalten immer zwei gegensätzliche Prinzipien und die vermittelnde Sephira. Also auch in dieser weltanschaulichen Sicht spielt das Prinzip der Dualität eine Rolle.
Die erste oberste Sephira verkörpert das Prinzip der schöpferischen Einheit, das Grundlegende, aus dem die Welt erschaffen wird. Sie ist das Nichtseiende, unfassbar und immateriell.
Die erste Triade, die dann folgt, bildet den Plan des Universums, in dieser energetischen Ebene ist alles angelegt.
Die folgenden Triaden dienen der Ausführung des Plans, was bedeutet, dass sich die Energie nach unten hin immer mehr materialisiert bis sie schließlich konkrete Formen erreicht.

Im zweiten Kapitel sind Ähnlichkeiten mit Erkenntnissen der modernen Physik deutlich.

Weiter ist in der Kabbala zu lesen, dass die drei Triaden den drei Teilen der menschlichen Seele entsprechen: Der Intelligenz (Bewusstsein und Ich), dem Gefühl und dem vegetativen Prinzip (Steuerung der Körperfunktionen). Sie haben nach dieser Ansicht ihren Sitz in Herz, Hirn und Leber. (Vgl. 38)

Für mich ist immer wieder erstaunlich, wie sehr sich die verschiedenen Philosophien zu verschiedenen Zeiten der Menschheitsgeschichte ähneln.
Am Ende des zweiten Kapitels gehe ich auf die Kabbala noch etwas ausführlicher ein.

Auch in der heiligen Schrift des **Islam**, dem Koran, finden sich Beschreibungen der Funktionen der menschlichen Seele, wobei die Begierden, die als größter Feind des Menschen galten, weil sie zu

Unwissenheit, Sprunghaftigkeit und unersättlicher Gier führen, eine besondere Rolle spielen. Man geht von zwei Seelenteilen aus, dem Seelenanteil, der mit dem Körper verbunden ist und ihm Leben verleiht, und dem Seelenanteil, der eine geistige/kognitive Qualität hat. Aus islamischer Sicht ist das Wesen der Seele geheimnisvoll und nicht erkennbar. Vom 9. bis 11. Jahrhundert entwickelte sich die Auffassung, dass es Sinneswahrnehmungen gibt, die vom intellektuellen Teil der Seele verarbeitet werden. Die Frage nach der Beschaffenheit der Seele wurde im 13. Jhd. in der Weise beantwortet, dass man annahm, dass nafs (Seele) aus feinstofflicher Substanz besteht und zwischen den grobstofflichen Körperorganen vermittelt.

Auch hier wird eine Ähnlichkeit zur traditionellen chinesischen Auffassung deutlich (Meridiansystem, das den Körper mit Energie versorgt).

Der brühmte Sufi Ibn Arabi und andere nahmen an, dass es eine Weltseele gebe, aus der die menschlichen Seelen hervorgingen und an der sie teilhätten.

Diese Auffassung ist insofern sehr interessant, dass später bei C. G. Jung ebenfalls beschrieben wurde, dass unser Unbewusstes als Teil der Seele mit dem Großen Ganzen über das kollektive Unbewusste verbunden ist.

Für **Europäische Philosophen**, wie für Descartes, ist die Seele eine reine, unveränderliche Substanz und daher von Natur aus unsterblich.

Leibnitz setzte sich mit dem cartesianischen Modell auseinander und nahm gleichermaßen an, dass die Seele immateriell sei, jedoch im Gegensatz zu Descartes, schrieb er auch den Tieren eine Seele zu. Seiner Ansicht nach existierten die individuellen Seelen nach dem Tode fort.

Nach Hegel stellt die Seele das Prinzip der Beweglichkeit dar, mit der die Leiblichkeit in Richtung auf das Bewusstsein transzendiert wird. (9). In ihrem frühen Entwicklungsstadium ist die natürliche Seele noch ganz und unmittelbar mit der Natur verbunden. Im zweiten Entwicklungsstadium ist sie fühlende Seele und in der dritten Entwicklungsstufe wird sie zur wirklichen Seele, die er als „die für sich seiende Idealität ihrer Bestimmtheiten" definiert - kurz gesagt, das Erwachen der Seele zum Ich. (vgl. 44)

Vergleichbares zu dieser Auffassung finden wir weiter oben in sehr viel früherer Zeit in den Annahmen, dass es einen Seelenanteil gibt, der die Triebe repräsentiert, einen zweiten, in dem die Emotionen beheimatet sind und einen dritten Seelenanteil, der sich mit zunehmender Bewusstheit entwickelt.

Während Blavatsky als Theosophin davon ausging, dass es einen sterblichen und einen unsterblichen Teil der Seele gibt (Dualität des Geistes), hat Rudolf Steiner die These vertreten, dass von einer Dreigliedrigkeit der menschlichen Wesenheit auszugehen ist: Körper, Geist und Seele. Davon leitet er eine Dreigliedrigkeit der Seele ab: Die Empfindungsseele, zuständig für die Sinneswahrnehmungen, die Triebe, Begierden und Willensimpulse. Die Verstandes- oder Gemütsseele wandelt Empfindungen in höhere Regungen um und die Bewusstseinsseele schließlich strebt durch Denken und Erkenntnis nach einer in ihr selbst gegenwärtigen Wahrheit. (vgl.10)

Der Psychologismus des 17.-19.Jhd. lehrte unter anderem, dass Wissen seinen Ursprung in psychischen Funktionen hat und dass die Introspektion, die Innenschau, das einzige Erkenntnisprinzip philosophischer Untersuchungen sei.

Im 20. Jahrhundert gibt es unterschiedliche Standpunkte zum Seelenbegriff.
Zusammengefasst können folgende Konzepte unterschieden werden:

a) eine zeitweise Bindung der Seele an den Körper, sie kontrolliert diesen, hat eine eigene Substanz. Von ihr gehen Denken und Fühlen sowie andere geistige Aktivitäten aus. Fortexistenz nach dem leiblichen Tod.

b) Von einem materialistischen Standpunkt aus Ablehnung der Existenz einer Seele. Seele ist reduzierbar auf körperliche und neuronale Zustände

c) Ablehnung der radikal materialistischen Position wie unter b). Man hält das Mentale für real und kausal wirksam, lehnt oft den Begriff Seele ab. Fortexistenz nach dem Tod wird abgelehnt.

d) abseits dieser Auffassungen gab es Vertreter, die die Seele als Ganzheit betrachteten.

Für **Georg Simmel** ist die Seele die Form, die das logisch-begriffliche Denken also der Geist, als unsere Subjektivität annimmt. (11).

Helmut Plessner sieht die Seele als Ganzheit des Menschen mit allem Wünschen und Wollen und allem unbewussten Drang. Der Geist ist eine Art Diener der Seele, der bei der Befriedigung der Wünsche hilft, wobei dieser Geist mehr als nur Intellekt ist. Er umfasst den kulturellen Gehalt aller menschlichen Selbst- und Wertverhältnisse. (12).
Seine Ansicht zum Verhältnis von Bewusstsein und Unbewusstem halte ich für sehr interessant. Es wird an späterer Stelle weiter besprochen.

Im 20.Jhd. entwickelte sich sukzessive eine Seelentheorie und daraus folgernd eine Lehre über die Seele, die Psychologie.

Die wohl bekanntesten Vertreter waren Sigmund Freud und Carl Gustav Jung. Ihnen kommt das Verdienst zu, die unbewussten Seelentätigkeiten erforscht zu haben und in die Betrachtungen einzubeziehen.

Freud bezeichnete das Seelenleben als die Funktion des psychischen Apparates, der räumlich ausgedehnt aus mehreren Instanzen zusammengesetzt sei: ES, ICH und ÜBER-ICH. Das Gehirn und das Nervensystem sind das körperliche Organ und der Schauplatz des Seelenlebens.
Während Freud die Begriffe Seele und Psyche synonym gebrauchte,

unterschied **Jung** beide in seiner Definition der Seele als „einen bestimmten, abgegrenzten Funktionskomplex, den man am besten als eine *Persönlichkeit* charakterisieren könnte"(13). Er unterschied zwischen innerer und äußerer Persönlichkeit, also zwischen Seele als innerer Persönlichkeit und der Persona als äußerer Persönlichkeit, wie sie sich in der Außenwelt darstellt. Diese ist von den Absichten des Individuums und von den Meinungen der Außenwelt geprägt und wird als Maske zur Anpassung an die Außenwelt genutzt.

Als Psyche bezeichnete er die Gesamtheit aller bewussten und unbewussten psychischen Vorgänge.

Zusammenfassend kann festgestellt werden, dass überwiegend vom Altertum bis heute im Seelenbegriff folgende Aspekte enthalten sind:

1. Die Seele besteht aus mehreren Teilen, in der Regel zwei bis drei. Diese Teile sind für bestimmte Funktionen zuständig, wie der Entwicklung von Gedanken und Ideen, Wahrnehmungen und Emotionen , den Trieben und der Steuerung der Körperfunktionen.
Aber auch hinsichtlich ihrer Möglichkeiten und Sterblichkeit unterscheiden sich diese Aspekte. So kann die Exkursionsseele den Körper verlassen ohne dass der Mensch stirbt und sie ist unsterblich, während die Körperseele mit dem Körper auch nach dem Tod verbunden bleibt.

2. In nicht wenigen Kulturen wird der Sitz der Seele an zwei bis drei Orten vermutet, so zum Beispiel im Kopf, in der Brust und im Unterleib.

3. Hinsichtlich der vorgeburtlichen Präsenz und der Unsterblichkeit gibt es Befürworter als auch Gegner, wobei mehrheitlich die Auffassung der Unsterblichkeit vertreten wird.

4. Die Beschaffenheit der Seele wird in einigen Philosophien als feinstofflich bezeichnet, als Hauch, Atem, Luft, Wind, Feuer, Wasser oder Rauch, als eine Art grundlegender unerschaffbarer und unvergänglicher

Essenz, in anderen Philosophien als materielle Substanz, als Körper im Körper, von der geistige Akte ausgehen.

5. In materialistischen und buddhistischen Philosophien wird die Existenz einer Seele abgelehnt.
Aus eigener Erfahrung und Gesprächen mit Betroffenen, konnte ich beeindruckende Erkenntnisse gewinnen.

Heute im 21. Jahrhundert weiß man weitaus mehr über das Seelenleben, vorausgesetzt, man leugnet die Erkennbarkeit der Seele nicht oder gesteht eine Annäherung an die Seelenwahrheit zu.

Quellenverzeichnis

1) Sogyal Rinpoche: Das tibetische Buch vom Leben und vom
Sterben, O. W. BarthVerlag, 1999

2) Platon: Phaidon, 78b, 81a, 72e-77a
Berlin 1861

3) Platon: Menon, 80d-86b
Berlin, 1856

4) Platon: Phaidros, 245c-246
Stuttgart 1853

5) Platon: Apologie, 29d-e
Berlin 1818

6) Platon: Politeia, 434d-441c
Stuttgart 1855

7) Michael Frede: Seelenlehre, in Der neue Pauly, Bd. 11,
Sp. 325-328
1996-1998

8) Platon: Timaios, 30a-b, 34b-37c
Stuttgart 1856

9) Hegel: Enzyklopädie, §389,
Heidelberg 1817, 3. Aufl., Suhrkamp

10) Rudolf Steiner: Spirituelle Psychologie, in Sammelband 2004,
Theosophie 2005,S. 23-52,76-100,
Steiner Verlag 1955

11) Georg Simmel: Philosophie des Geldes,
Berlin 1958, S. 527

12) Helmut Plessner: Grenzen der Gemeinschaft,
in Gesammelte Schriften 5,
2003, Suhrkamp, S. 103

13) Carl G. Jung: Psychologische Typen,
in Gesammelte Werke, Bd. 6,
Zürich 1967, S. 503- 510

14) Ap Dijksterhus: Das kluge Unbewusste
Klett-Cotta 2010

15) R. Wilhelm: I Ging, Das Buch der Wandlungen
marix verlag 2010

16) C. G. Jung
   und andere: Der Mensch und seine Symbole
Sonderausgabe Walter Verlag 2003

17) C. G. Jung: Mysterium Coniunctiones,
GW 14/ II, §346
Princeton 1970, Patmos 1993

18) M.-L. v. Franz: Träume
Daimon Verlag 2002

19) R. Tagore: Die Religion des Menschen
Hyperion Verlag, Freiburg 1962

20) Aniela Jaffé: Bildende Kunst als Symbol in: Der
Mensch und seine Symbole, siehe oben

21) C. G. Jung: Archetypen

Walter Verlag 1971-1990

22) Henderson: Der moderne Mensch und die Mythen
                     in Der Mensch und seine Symbole,
                     siehe oben

23) M.-L. v. Franz: Archetypische Dimensionen der Seele
                     Daimon 2005

24) M.-L. v. Franz: Das Unbewusste und die Wissenschaften
                     in der Mensch und seine Symbole,
                     siehe oben

25) M.-L. v. Franz: Psyche und Materie
                     Daimon 2003

26) R. Dedekind: Was sind und was sollen Zahlen
                     Vieweg, Braunschweig 1888

27) Fritjof Capra: Das Tao der Physik
                     O. W. Barth 2008

28) Vera Spillner: Verstehen in der Quantenphysik,
                     Inaugural-Dissertation der Philosophischen
                     Fakultät der Rheinischen
                     Friedrich-Wilhelms-Universität
                     zu Bonn, 2011

29) C. G. Jung: GW 8, 1971

30) C. G. Jung: Briefe, Bd. II, Walter Verlag 1972

31) Tobias Hürter: Stringtheorie in Die Zeit online vom
                     02.01.2014

32) B. Swami
    Praphupada: Bagavad-Gita Vers 20
                       B. Book Rust, 1987

33) Tipler: Physik der Unsterblichkeit
                       DtV 1995

34) S. Hawking: Der große Entwurf,
                       Rowohlt/Reinbeck 2010

35) Paul Davis: Die Unsterblichkeit der Zeit
                       Scherz Verlag 1997

36) Matthews: Und Gott hat doch gewürfelt
                       Knaur 1999

37) G. Hasinger: Das Schicksal des Universums
                       C. H. Beck 2009

38) Papus: Die Kabbala, marix verlag 2004

39) Vaas: Hawkings Kosmos
                       Kosmos Verlag

40) E. Fromm: Die Kunst zu lieben
                       Manesse Verlag Zürich 1993

41) Klaus Uwe Adam: Therapeutisches Arbeiten mit Träumen
                       Springer Verlag, 2. erw. Auflage, 2006

42) Dilgo Khyentse
    Rinpoche: Die sieben tibetischen Geistesubungen
                       O. W. Barth, 2. Aufl. 1996

43) Herausgeber
   W. Poeplau: Alles hat seine Stunde -
                      Weisheit aus dem Buch Kohelet
                      Hammerverlag, Wuppertal   2001

44) Wikipedia

45) www.swami.sivananda.de/Bücher/Vorträge

Über die Autorin

- Geboren 1951 in Berlin, Deutschland

- nach dem Besuch der Polytechnischen
  Oberschule bis 1965 der Wechsel an
  das Gymnasium Immanuel Kant mit huma-
  nistischer Ausrichtung, Abitur 1969

- Berufsausbildung zur Fremdsprachen-
  korrespondentin

- Heirat und zwei Kinder

- von 1974 bis 1979 Studium der Wirt-
  schaftswissenschaften mit Abschluss
  an der Humboldt-Universität zu Berlin

- 1981 Studium der Fachschulpädagogik
  an der Universität Leipzig mit
  Abschluss

- Nach der Tätigkeit als ökonomischer
  Direktor Wechsel an die Fachschule
  und langjährige Tätigkeit als
  Dozentin

- Während dieser Zeit Forschungsarbeit

- In den Jahren 1990 bis 2016 Tätigkeit
  als Dozentin und Schulleiterin von Fachschulen

- Hobby Naturheilkunde

- 2005 Beginn des Studiums der Natur-

heilkunde mit Abschluss (nebenberuf-
lich)

- Spezialisierung mit Abschlüssen in
  den Gebieten Psychologie und Psychotherapie, Traumanalyse, Pflanzen-
  heilkunde und Traditionelle Chine-
  sische Medizin

- Ausübung der Heilkunde (nebenberuf-
  lich)

- von 2002 bis dato Sammlung von Träumen und deren Analyse

- von 2005 bis dato Beschäftigung mit
  der Quantenphysik

- von 2016 bis dato Autorin